借金パワーで金持ちになる!

沢 孝史
Takashi Sawa

The power
of debt makes you rich!

筑摩書房

装丁　井上則人デザイン事務所

はじめに（12年前の私のために）

本書の主題は借金パワーです。
でも、今この本を手にしているあなたには、

借金があなたを金持ちにしてくれるパワーを持っている

とは、思えないかもしれません。

一般的に「借金」というと、マイナスのイメージです。
過去の私も、借金は「重荷を背負う」もので、「しなくて済むのならしないほうが良い」ものだと思っていました。

私は不動産投資をきっかけに借金をすることになったのですが、最初は借金が怖くて「早く

返済すること」だけを考えていました。

しかし、実際に借金をして投資を拡大し、借金総額が1億円を超えた頃から、借金をすることに抵抗が無くなりました。

それと同時に、**「借金には資産を増やすパワーがある」**ということを実感することができたのです。

そして、5億の借金を経験した今、借金を積極的に活用することが、資産を持たない人にとって経済的に豊かになる、とても有利な方法だと確信しています。

なぜ、借金をすると資産が増えるのでしょうか。

そのみなもとが借金パワーなのです。

このパワーに気づき、使いこなすことができれば、資産は飛躍的に増えていきます。

とはいえ、疑問を持たれる方も多いでしょうね。

もし、12年前の、まだ投資を始めていない頃の私がこの本を手にとったら、「怪しい本」だと思うでしょう。

でも、読んだ後は、「もっと早く読みたかった」と思うはずです。

12年前の私のために、
そして、12年前の私がそうであったように、
今、資産はないけれど、懸命に働いて社会を支えている人たちに、この本を贈ります。

2008年8月吉日

沢孝史

はじめに　12年前の私のために……………… 3

第1章 私はなぜ借金をするのか

個人の借金、会社の借金 15
多くの会社が借金をしている 17
収益を生むために借金をする 20
けんめいに働き、貯えだけで豊かな人生を送れるか 22
みんなどのくらいの貯えを持っている？ 24
資産がある人と資産がない人 26
「お金はあるところに集まってくる」のはなぜか 29

第2章 家計管理から学んだお金とのつきあい方

お金のイメージを変えた大きな転機　31
給与と生活費の関係を考え直す　34
どんぶり勘定から予算生活へ移行する　35
サラリーマンの家計管理のポイントは　39
予算生活から長期シミュレーションへ　40
「住宅ローンで夢のマイホームを手に入れる」とは?　42
5億の借金は平気なのに、数千万の住宅ローンは怖い　45

31

第3章 借金の二面性を知る

お金の利用方法で人生に差がつく　51
お金はどうして生まれたのか　52
金利の不思議　55
消費のための借金と金利　57
投資のための借金と金利　60
会社経営のための借金と金利　63
借金で金持ちにも貧乏にもなれる　67

51

第4章 借金パワーを味方につけよう

金持ちになる借金、貧乏になる借金 70
貧乏になる借金は終わりのないマラソン 71
もしあなたが200万円を借りたら 72
金持ちになる借金とは何か 74
負のサイクル VS 上昇スパイラル 75
金持ちになるには怖くない借金をしよう 76
なぜ消費のための借金は怖いのか 78
パチンコ店近くの自動貸付機事情 80
消費のための借金には際限がない 82
なぜあなたは他人のために金利を払うのか 83
消費のための借金が経済的奴隷を作り出す 86
自分のために金利を払おう 88
各駅停車と特急列車、あなたはどちらに乗りますか 91

違う世界を知るために特急列車に乗ろう　92
投資リスクを決める3要素とは　94
借金と投資の関係　101
近くに行くだけなら自己資金投資でOK　103

第5章　借金パワーを使うための基礎知識

レバレッジとは何か　105
投資と投機はどう違う？　111
投資のリスクとリターンの関係は？　113
下落のインパクト——ハイリターン投資に潜む罠　116
ローリスク・ミドルリターンの投資　118
イールドギャップとは何か　120
ROIに注目して資産運用する　122

第6章
金持ちになる借金投資のポイント①
リスクと向き合う

リスク分析とコントロール 130
投資リスクとは何か 131
投資リスクを評価する5つの物差し 134
リスクの5つの物差しのイメージトレーニング――3匹のこぶた 140
リスク評価、リスクコントロールの要は 152

第7章
金持ちになる借金投資のポイント②
借金パワーの生かし方

借金パワーで投資の範囲を広げる 157
借金と相性の良い投資を見分ける 158
ローリスク・ミドルリターンの投資を探す 160
イールドギャップとROIでローリスク・ハイリターン投資を目指す 161
ROIと複利効果で投資スピードを加速する 164
期待した投資成果が得られなかった場合は 168
借金で信用力をつける 169
投資家になることの厳しさと可能性 172

第8章 金持ちになるための借金実践テクニック

融資を引き出すポイントを知ろう 175
銀行が貸してくれるお金は「事業性の資金」 177
「属性」という業界用語 178
与信とは何か 180
与信とキャッシュフローの関係 181
与信限度の考え方 184
ゆとりある人生のキーワードも与信 185
与信を大きくするとは 186
あなたはいくらまで借金ができるのか 188
不動産投資の借金は小さなLBO 189
積算法と収益還元法 190
ファンドのLBOに学べ 192

銀行は何を見てお金を貸すのか 194
保証人をどう考えるか 196
借入条件について① 適用金利 197
借入条件について② 変動金利 vs 固定金利 201
金利上昇リスクの中身を調べる 206
防げるリスクはリスクではなくなる 206
リスクの発生する確率は 208
リスクをとる者がリターンを得る 209
お金を借りるということは 210

第9章 借金パワー投資の大原則

借金パワーに向く投資とは 212
返済はどうするのか 214
高いROIを維持し、無限大のROIを目指す 220
不動産投資はなぜ借金パワー投資に向いているのか 223

FＸ取引は借金パワーに向く投資か 226
FＸ取引の有効性 228
リターンを小さくしないための税金の考え方 231
FＸで脱税を摘発された人たち 232
総合課税と分離課税 233
不動産投資の課税 234
減価償却とは 235
減価償却は現代の錬金術 236
寿命の長いものの価値とは 238
裁定取引と借金パワー投資 243
借金パワーの本質とは 247
おわりに…… 251

第１章（私はなぜ借金をするのか）

個人の借金、会社の借金

私は個人で5億の借金を持っています。
5億の借金を背負っているのではなく、所有しています。
こんなふうに言うと、皆さんは「その言い方は変だ」と思われますね。
では、これはどうでしょうか。

私は会社のオーナーです。
会社は5億円の融資を受けていて、私はこの会社を所有しています。

これなら、変な言い回しではありませんね。

しかし、個人でも会社でも、5億円の借金に変わりはないはずです。

それなのに、個人の借金は普通「背負っている」と言い、マイナスのイメージがつきまといます。

この差はどこから来るのでしょうか。


個人の借金といえば、クレジットカード、自動車などの消費財のローン、子供の教育ローン、サラ金（消費者金融）、そしていちばん額の大きいものとして住宅ローンなどがあります。

これらはすべて、衣食住といった消費生活のためです。今は手元にお金がないけれども、生活していく上で必要だから借金をするのです。

だから、個人の借金は「背負うもの」と感じるのでしょう。

一方、会社は生活のために借金をするわけではありません。

会社は事業資金を得るために借金をします。事業は計画どおりにいけば、将来は収益を生んでくれるはずです。

つまり、会社の借金は、将来何倍もの収益を生み出す可能性があるのです。

借金をして金の卵を生む鳥を買い、育てているようなものです。その鳥が購入価格以上の金の卵を本当に生んでくれさえすれば借金は返済できます。

事業が順調にいけば、借金はお金を生み出してくれる大切な元手となり、大切な財産となります。

だから大きな借金があっても社長さんは会社を所有しているわけです。

多くの会社が借金をしている

では実際、日本の一般の会社は、どのくらい借金をしているのでしょうか。

会社がどのくらいの借金をしているのか、その割合は、一般的に**貸借対照表（B／S、バランスシートとも言う）**で確認することができます。

バランスシートは、決算日など特定のある時点の**会社の資産と負債を明らかにする目的で作成する**ものです。

会社の資産には現金、有価証券、売掛金などのほか、土地や建物、製品を作るための機械、原材料など、普段は値札がついていない様々なものがありますが、それを決まった日にひとつ残らず一斉に値札をつけ、会社の総資産を算出します。

負債は、銀行からの借入や、買掛金、会社が個人から借りている場合にはその金額など、これも決算日時点で残らず合算します。

これによって、会社が所有する資産総額と負債総額が判明します。

そこで**資産総額から負債総額を引くと、その会社が本当に持っている純粋な資産＝自己資本を計算することができます。**

会社の総資産が5億円で負債が2億5000万円だった場合、5億−2億5000万＝2億5000万ですから、会社の自己資本は2億5000万円になります。この場合の自己資本比率（総資産に対する自己資本の割合）は50％です。

会社の総資産が5億円で負債が4億円であれば、5億−4億＝1億ですから、自己資本は1億円、自己資本比率は20％です。

つまり、ある会社の自己資本比率が50％であれば、会社の資産の50％は借金だということですし、自己資本比率が20％であれば資産の80％は借金で賄っているということです。

財務省が発表している平成18年度年次別法人企業調査によると、日本の会社（法人）全産業平均の自己資本比率は32・8％、資本金1000万未満の法人になると、なんと9・9％でしかありません。

つまり、日本の会社が所有する資産のうち、平均でも70％弱が、中小会社は90％までが自分のお金ではなく「借金」ということになります。

初めまして　まるといいます。
スポンジから生まれた
妖怪です
ふだんは事務の仕事を
しています。
自宅マンションの
30年ローンが
5年過ぎて、そろそろ
投資もしたくなりましたので
沢さんのところに相談にいきました。

㊙収益を生むために借金をする

個人で財産の90％が借金だとしたら、生活費にも困るのではないでしょうか。

しかし、身近にいる社長さんたちは、お金に困っているようには見えません。むしろサラリーマンより裕福そうです。

不思議ですね。どうしてでしょうか。

私は次のように考えました。

- 社長さんはお金を持っているから、あるいは財産を持っているから裕福なのではない。
- 借金をして事業をし、収益をあげているから裕福になっている。
- 借金の力をうまく利用しているから、さらにお金がまわってくる。

もしそうならば、同じことが個人でできないものでしょうか。

私は可能だと思います。

実現するための方法もはっきりしています。社長さんと同じようにすればいいのです。

つまり、それは「借金を活用して収益を生む」ことです。

背負う借金、つまり消費で使ってしまう生活のための借金はせずに、**金のなる木を買うための借金をする**のです。

実際のところ、大多数の人は個人のレベルでの借金をしています。

クレジットカードも一種の借金ですが、意識さえしないで利用している人が多いように感じます。

でも残念ながら、金のなる木を買うために借金している人はごくわずかではないでしょうか。

借金について、よく次のように言われますね。

- **借金などしないほうが良い**
- **借金は身を滅ぼす**

これも事実です。

でも、**借金にはあなたを金銭的に豊かにする力もある**のです。その力を利用するには、借金を理解し、良い面のみを使いこなすことが必要になってきます。

本書ではそのための考え方をお話しします。

けんめいに働き、貯えだけで豊かな人生を送れるか

とはいえ、借金をせずに経済的に豊かな人生を送れるのなら、そのほうが良いのかもしれません。

私は現在48歳、大学卒業後、損害保険会社に就職し、10年後に退社しました。最初に書いた本『「お宝不動産」で金持ちになる!』にもあるとおり、一度は独立を目指してコンビニを開業しましたが、赤字経営のため半年で廃業、その後はまたサラリーマン生活に戻っています。

もちろん年金保険料もこれまで欠かさずに支払っています。真面目に働いているのですから、定年後も豊かに暮らしたいと考えています。

現実にはそのとおりにうまく行くでしょうか。

今の年金制度が変わらないと仮定して、サラリーマンが60歳まで働いた場合、定年後にいくらの年金がもらえるのか、確かめてみましょう。

社会保険庁ホームページの年金額簡易試算で計算してみると、**表1**のようになります。

これから年金をもらう世代が受け取れる年金の額は、女性で年間150万円以下、男性で200万以下のようです。ずっと年金を払い続けても、引退後には大卒サラリーマンの初任給より少ない金額しか手にすることができません。

表1　あなたの年金はいくら？

	これまでの厚生年金加入期間	厚生年金期間平均給与月額	今後の厚生年金加入期間	今後の平均給与月額	年間の年金見込額(万円)					
					60歳	61歳	62歳	63歳	64歳	65歳～
55歳男性	33	34	5	55	119	119	119	119	119	194
女性	33	21	5	21	71	71	71	71	71	146
50歳男性	28	33	10	50	0	0	0	122	122	197
女性	28	21	10	21	71	71	71	71	71	146
45歳男性	23	27	15	48	0	0	0	0	0	191
女性	23	21	15	21	0	0	0	0	0	146
40歳男性	18	27	20	45	0	0	0	0	0	191
女性	18	21	20	21	0	0	0	0	0	146
35歳男性	13	24	25	40	0	0	0	0	0	188
女性	13	19	25	19	0	0	0	0	0	136

★社会保険庁HP「自分で出来る年金額簡易試算」により作成

年金だけでは足りないとしたら、貯えをして備えなければなりません。

はたして一体いくら必要なのでしょう。

つい先日も、「老後の資金は、公的年金だけだと夫婦で２０００万〜３０００万円足りない」という話を聞きました。ちょっと考えても気が重くなります。

さて、どうやって暮らしていきましょうか。

日本で普通にサラリーマンを勤め上げたとしても、ゆとりのある老後は過ごせそうにありません。

これがＧＤＰ世界第2位の現実です。

でも、ＧＤＰ第2位なのですから、国全体が貧乏ということはないはずです。

どこかにお金が隠れていて、普通の人にはまわってこないだけなのではないでしょうか。

みんなどのくらいの貯えを持っている？

金融広報中央委員会の「家計の金融資産に関する調査」（平成18年）によると、日本世帯の金融資産保有額の平均値は１０７３万円だそうです。

金融資産とは、つまりは預貯金のことですね。

この数字どおり、日本の平均的な世帯が１０７３万円の貯えを持っているのであれば、「日本もたいしたものだ。日本人に生まれて良かった」と思うかもしれません。

　しかし、これはあくまで平均値の話です。

　中央委員会は「うちはこんなに持っていない」というクレームが怖かったのでしょうか。補足として、こんなことも書いてあります。

「10世帯のうち、９世帯が１００万円を持っていて残りの一世帯だけが1億円持っている場合には、平均値は１０９０万円になってしまう」


　では、一般的な世帯の金融資産はどのくらいあるのかというと、金額の少ない世帯から順番にならべていって、ちょうど真ん中にくる世帯の金融資産を一般家庭の資産とする方法があるそうです。これを中央値と言います。

　それによると、**真ん中の順位**（１０００人いれば５００番～５０１番の平均）**の世帯の金融資産は４２０万円**という結果となります。これだったら我が家も似たようなものだと安心する方もいるかもしれませんね。

　でも、平均値の１０９０万円に対して真ん中の世帯の資産額が４２０万円ということは、所得分配にかなり偏りがあることになります。

　それに、平成16年度の調査では、金融資産の平均値は１０２２万円、これに対して中央値は

430万円でした。

2年のあいだに平均値が70万円ほど上がって、真ん中の世帯の資産額が10万円減っているわけですから、この差は大きくなっていく傾向にあるようです。

つまり、**お金はあるけれどもどこかに片寄って集まっている、**ということです。

資産がある人と資産がない人

しかし、お金に意思があって一人歩きしてその場所に集合するわけではありませんね。集まってくる理由、仕組みがあるからこそ、そこに集まってくるのでしょう。

さて、この本を読んでいる方は千差万別、いろいろな立場の方がいらっしゃるでしょうが、とりあえず今の自分のポジションは忘れて、世の中を俯瞰《ふかん》してみましょう。

先ほど、金融資産の少ない世帯から順に並べていくというお話をしましたが、その列を想像してみてください。

まず最前列、つまり一番金融資産の少ない人はどういう状況かを想像してみます。

金融資産ゼロの人が最前列でしょうか。そうではありませんね。

きっと最前列に位置する人はマイナスの資産、つまり借金を抱えているでしょう。その借金

先生、ちょっとやそっとじゃ返せない住宅ローンがあるのに投資するのはダメですか
借金の種類が違うんだよね
うーん
うまい借金のコツ
沢孝史借金セミナー
明日への借金ゼミナ
沢
まる

もおそらく金利の高い、サラ金などでの借金です。

毎月収入があったとしても、その大半を金利として持っていかれてしまうのではないでしょうか。

中間に並んでいる人は、サラリーマンや、小規模な自営業を営んでいる人で、住宅ローンはあっても普通はサラ金に縁のない人です。ゆとりはなくても人並みに生活できている人、というイメージです。

さて、最後尾付近の人たち、つまりお金が集まってくる人たちはどんな人たちでしょう。中には才能のあるスポーツ選手や一部のエリートビジネスマンもいるでしょうね。でも、大半は真ん中の人たちと見分けがつかないのではないでしょうか。

唯一の、でも決定的な違いは**「毎月入ってくるお金が消費するお金より圧倒的に多い」**ということでしょう。

なぜ、入ってくるお金が消費するお金より圧倒的に多いのでしょうか。

その理由は**「入ってくるお金の大半は自分が実際働いて得たお金ではない」**からです。

私たちの社会では「たくさん働いた人がたくさんのお金をもらえる」わけではないことを私たちは知っています。

明け方から夜中まで一生懸命働いた人が一番お金持ちになる、というわけではありませんね。

「働いて得る以外の収入が膨大にある」
これが、お金が集まってくる人たちの特徴です。

「お金はあるところに集まってくる」のはなぜか

では、彼らは働くこと以外にどうやってお金を得ているのでしょう。これも私たちは良くわかっているのではありませんか。

最後尾の人たちは**「金のなる木」を持ち、育てることによってお金を得ている**のです。

そして、この「金のなる木」はお金という実をつけ、それを食べて（消費して）しまわなければ、その実は種となり、そこからまた新しい「金のなる木」が育ちます。

こうして一度金のなる木を手にした人は木を切り倒したり、誤った育て方をしないかぎり、金のなる木を少しずつ増やしていけるようになります。

その様子を、事情を知らない人が遠くから見ると、最初は1本だった金のなる木が1年後には2本になり、2年後には4本になり、3年後には8本になり、というように、いつのまにか増えていくように見えるでしょう。

つまり、お金（金のなる木）はお金（金のなる木）のあるところに集まってくるように見えるわけです。

しかし、それはお金が一人歩きして集まっているのではありません。集まってくるのには理由があるのです。

そして、**借金をすることは金のなる木を手に入れる1つの手段**でもあります。

実際に5億円の借金をしている私が、そのあたりの秘密についてお話ししましょう。

第2章 家計管理から学んだお金とのつきあい方

話が抽象的になってしまいました。とりあえず、私が「ひねくれ者」ということだけはわかっていただけたかと思います。

なぜ元平均的なサラリーマン（元某損保の社員）がこんな本を書いているのか、なぜ金持ちに対してコンプレックスを持つように至ったか。

それは、実は「身銭をきって」体験した、深くて痛いトラウマがあるからです。

お金のイメージを変えた大きな転機

私は今もサラリーマンですが、途中、半年だけ「コンビニ経営」という自営業を経験しています。独立したいという大きな夢を持ち、店舗を借りて開店したものの、赤字が続いて半年でやむなく廃業しました。

サラリーマンであれば、たとえ失業したとしても収入が無くなるだけですが、自営業の場合は、赤字が発生したらその分を自腹で補塡しなければ事業を継続できません。

24時間お金に悩まされ続けた日々でした。

そのとき思い知ったのです。

「一生懸命働くことと収入には因果関係がない」

今思えば当たり前のことなのですが、大学卒業以来ずっとサラリーマンをしていた私は、心のどこかで「働けば必ず報われるはずだ」と信じていたようです。

でも、これは大きな勘違いでした。懸命に働いても根本が間違っていれば一銭にもなりません。間違いが大きければ赤字は拡大していきます。

売り上げが伸びないまま、一日の大半をコンビニのレジで過ごすことを想像してみてください。いくら働いてもお金は入ってきません。逆に店を開いていればいるほど、光熱費などのお金を払わなければならないのです。

その一方で、何もしなくてもお金が入ってくる人もいます。

それはつまり、私が借りていたコンビニの店舗の大家さんです。

私はコンビニが赤字でも家賃を支払わなければなりません。しかし大家さんはコンビニの経営状態に関係なく、家賃を受け取れるのです。

私の大家さんは、その土地を相続で受け継ぎ、ローンを組んで店舗を建てて貸していました。入ってきた家賃からローンの支払いをしても、毎月一定額のお金が残ります（これをキャッシュフローと呼ぶことなど、この時は知りませんでした）。

自分の土地を提供しているとはいえ、建築費はすべてローンでまかなっているので、大家さんの持ち出しはゼロです。

一方、私は敷金、フランチャイズ加盟金などで当時１０００万円の自己資金を払っていました。そのうえ、さらに毎月赤字分を自腹で補塡しなければなりません。

一銭も使っていない大家さんと、自己資金１０００万円をつぎ込んでいる私が、収入の点では逆転しています。

事業とはそういうものなのですが、当時はうらやましく思ったものです。

しかし、悔やんでみても仕方ありません。

私は結局、自己資金１０００万円と毎月の赤字補塡分は未回収のまま、赤字コンビニをあきらめて再びサラリーマンに戻りました。

この経験で、私は3つのことを学びました。

- 働き方を間違えるといくらがんばっても収入は得られない
- 投資した自己資金の金額と収入に因果関係はない
- 働かなくても収入を得ることはできる

この3つは私の心に深く刻みつけられ、その後の私の行動をゆっくりと変えていきました。

給与と生活費の関係を考え直す

こんなつらい日々を経験して再びサラリーマンに戻ったのですが、年収は元に戻りません。給与明細を見ると手取り額が減っているのでがっかりします。

でも、給与は毎月もらえますし、赤字補塡の必要もありませんので、精神的にはとても楽になりました。

この半年間の赤字期間を経験したことで、家計管理の考え方が大きく変わりました。

私の家族は妻と子2人（当時は小学生と幼稚園）ですが、コンビニを始める前は、「給与はこれだけもらえるから生活費はこれだけ使える」という計算をしていました。

これはサラリーマンとしてはごく普通の家計管理だと思います。

しかし、コンビニ経営を始めてみると決まった給与はありませんし、実際は毎月の赤字を補塡しなければならなくなりました。

そのうえ、いくらお店が大変な状態でも、生きていくにはもちろんお金が必要です。

そのため、生活に必要なお金は最低限いくら必要かを計算し、少なくなっていく預金を取り崩して生活を維持していました。

半年後、ついに取り崩すお金が無くなり、廃業するしか道はなくなった、というわけです。

やむなくサラリーマンに戻ってからも、お金が無くなるということはどういうことかを身をもって経験したため、「もらえるお金から生活費を計算する」などといった無謀なことは怖くてできなくなりました。

そして、もらえる給与の額から生活費を計算するのではなく、「生活に必要なお金」を計算して予算を立てて生活するようになったのですが、そうすると不思議なことに、給与は以前より減ったにもかかわらず、少しずつ貯金ができるようになったのです。

どんぶり勘定から予算生活へ移行する

これを事業にあてはめるとどうなるでしょう。

以前の私のやり方「もらった給与の額から生活費を考える」というのは、昔よく見られた「どんぶり勘定」という商売のやり方に似ています。

どんぶり勘定というのは、たとえば家族経営の八百屋さんなどによく見られたやり方です。売り上げをひとつのどんぶりに入れ、おつりもその中から払います。また商品の仕入代金もお店の経費もそのどんぶりから支払い、さらに家族の生活費もそのどんぶりにあるお金から支払うことになります。

そんな状態ですから、お店がいくら売り上げているのか、仕入代金はいくらだったのか、そして利益の金額はいくらなのか（もしくは損をしているのか）、正確なことは何もわからないまま毎日が過ぎていきます。

どんぶりのお金が無くなって仕入代金を払えなくなったとき、はじめてお金を利益以上に使いすぎたことを自覚するのです。

このように、どんぶり勘定をしていると利益や損失の把握ができず、本当に使えるお金がいくらあるのかさえ、わからない状況になります。そのため、使ってはいけないお金でも、とりあえずどんぶりの中にお金があると使ってしまうことになります。

サラリーマンには仕入代金は必要ないので、「もらえる給与の額から生活費を考えてもどん

ドンブリは危険ですよー
うちの家計は
ドンブリ
というより
お茶碗ですが
かん難辛苦の末
給料日におかわりが
きます。

ぶり勘定にはならないだろう」と思うかもしれませんね。

また、毎月の生活費が月給より少なければ貯金もできるので、大丈夫だと安心してしまう人が大半でしょう。でも、それは「今の収支がプラスである」ということだけで、将来までプラスになると保証されているわけではありません。

子供がいれば、将来の教育にもお金が必要となります。病気になるときもあるでしょう。

サラリーマンには定年がありますので、その後の生活設計も考えておく必要があります。

ちなみに子供1人あたりにかかる小学校から大学卒業までの費用は、一説には教育費だけで1000万から1500万と言われています。

サラリーマンだからといって、「今現在入ってくるお金を基準にお金を使ってしまうこと」は、将来必要になるお金を先に使ってしまう危険性があるということです。

どんぶり勘定の八百屋さんで仕入代金が無くなったら廃業するしかなくなりますが、その先も生活していかなければなりません。そのときどうするか、という問題です。

まずは、**「今使えるお金＝今使って良いお金」ではないことを理解する**必要があります。

ここでうんちくをひとつ。

「どんぶり勘定」の「どんぶり」とは、うな丼やカツ丼を食べるときの食器の「丼」ではないそうです。昔の商人や職人などがかけた腹掛けについていた大きな物入れや、お金からちり紙まで何でも突っ込んで懐に入れて持ち歩いていた大きな袋のことだそうですよ。

サラリーマンの家計管理のポイントは

さて、**生活にお金はいくら必要なのかを計算して、その予算で生活する**というと非常にケチくさい印象を受けるかもしれません。

でも、実際は正反対です。

たとえば「家計をやりくりする」という言葉を耳にすることがありますが、私の家庭ではやりくりは一切しません。生活費が不足するのであれば、それは予算が違っているのだから予算を修正すれば良い、と考えます。

また月によって必要な経費は変動しますから、生活費は毎月一定額と決めているわけでもありません。収入の管理は私、支出の管理はかみさんなので、毎月かみさんからエクセルファイルが送られてきて（目の前にいるのになぜか私宛のメールに添付されて送られてきます）、私はその必要額を黙って支払うことになります。

もちろん必要な金額ですから、まけてもらうわけにもいきません。

特別出費のかさむ月ともなると正直大変なときもありますが、収入の管理は私の担当ですから支払義務から逃れることはできないのです。

このやり方のポイントは、**必要な金額を必要なタイミングで支払うこと**です。「やりくりをしないとお金が余計にかかるのでは」と思われるかもしれませんが、私個人の実感としては、予算を立てて必要な金額で生活したほうが、実際は節約できるようです。

予算を決めずに毎月一定額としていたときは、「余ったお金＝使って良いお金」と考え、散財していたのかもしれません。

今は必要なお金を必要なだけ使うことになりますから、余るお金というものは発生しません。元々お金には、必要なお金と余ったお金（必要でないお金）という区別はないはずです。お金を余らせるということは、どこかにストレスをかけている可能性があります。その発散のために必要でない消費を行うことは決して合理的とは言えないでしょう。

そんなことをするなら、最初からストレスをかけないで必要なお金を使えば良いのです。

◎予算生活から長期シミュレーションへ

さて、では実際の家計管理、つまり予算はどうすればいいのでしょうか。いろいろなやり方がありますが、ポイントは次の3点です。

・無理な予算、あるいは逆に余裕のある予算は組まない
・常に予算の見直しをして予算の精度を高める
・今後予想されるイベント（子供の進学等）を考慮し、長期のライフプランをイメージする

この3点に注意して家計管理をすれば、無駄は無くなります。貯蓄に回すお金が本当にないのか、実は隠れているだけなのかもわかってくるはずです。

家計管理をすると、現在の収入と支出の状況がわかってきます。

私は贅沢な生活をしているわけではないので、サラリーマンに戻って予算生活を始めてからは、収入が減ったものの将来にそなえて毎月多少の貯えもできるようになりました。

しかし、予算生活をしていれば万全、というわけではありません。

あるとき、これでほんとうに将来は安泰だろうかと気になって、ライフプランを考慮した長期の収支予測をしてみたところ、その結果に愕然《がくぜん》となりました。

私の場合、コンビニの損失もありましたからレアケースなのかもしれませんが、子供2人が

下宿をして遠方の私立大学に行く場合を考えれば、貯蓄を使い果たしてキャッシュアウトすることは明白、という結果が出たのです。

子供が大学を卒業する時点で私は50代前半になりますが、このまま行くとそのとき我が家の貯蓄はゼロとなり、子供のための学資ローンだけが残ることになる、とシミュレーションは教えてくれました。

定年も近くなってきますが、現状の年金制度では私の年金支給は64歳からで、それも年間200万円にもなりません。夫婦2人の年金をあわせたとしても、貯蓄ゼロでは、とても余裕のある生活ができるとは思えません。

コンビニ失敗後、多少の貯金ができるようになったので今後は順調にいけそうだと思っていたのですが、このシミュレーションの結果で人生に陰りが見えてきました。

「住宅ローンで夢のマイホームを手に入れる」とは？

このとき、目の前の生活ではお金に困っていませんでしたが、将来の教育費に備えて貯蓄を増やすとしても限度があります。しかし子供の可能性を経済的な理由から閉ざしてしまうわけにはいきません。

ただ、細々と貯蓄を続けていくだけではどうにもならないことも明白でした。

マイホームの借金でビンボーになるって言われたって70才になって家賃に月々10万支払えないでしょっ
だからそのために70才になっても働かないで収入を得る方法を説明するからね

コンビニで1000万の損失を被った私ですが、ひとつだけ有利な点がありました。かみさんの実家の2階に住んでいたため、住居費があまりかからないことです。

とはいえ、もともと二世帯住宅として建てた家ではありません。いろいろ不便があったため、千数百万程の改築費用をかけ、居住スペースを確保することにしました。

実は、家を改築するか、近くに戸建住宅を買うかで迷った時期があります。

戸建の価格は改築費の倍以上ですが、銀行が最長35年ローンを組んでくれるので当面の返済は大変ではありません。

比較検討するなかで、マイホームの購入に心惹かれるところもありましたが、ライフプランを反映した長期の収支予測に戸建のローン返済を組み込んでみると、その収支は極端に悪化してしまいます。

銀行からは「このくらいの住宅ローンは普通です」と言われましたが、私にはローンを組むことが客観的に正しいとは思えませんでした。

皆がやっているから大丈夫だという根拠はどこにもありません。その論法でバブルの痛手を受けたことを銀行は忘れてしまったのでしょうか。

自宅は確かに資産価値の高い財産です。

銀行は比較的簡単に融資をしてくれますし、長期のローンを組んで購入する価値もあるのでしょう。でも、その価値のある自宅を購入するためには、限られた収入の一部を長期にわたって支払わなければなりません。

金銭的に余裕のある人なら良いのでしょうが、夢のマイホーム（この言い方自体、ひねくれ者の私には、「夢であるものをローンで買ってしまう」という意味に思えてしまうのですが）を本来のライフプランを損なってまで買うべきものでしょうか。

また私にはコンビニ経営失敗の経験から、「収入が無くなる」ことに対する過剰な恐怖心がありました。給与からローンを払うといっても、リストラや倒産のときはどうなるでしょう。

そうならなくても、病気で働けなくなることもあるでしょう。

そんなとき、住宅ローンはどうやって返せば良いのでしょうか。

5億の借金は平気なのに、数千万の住宅ローンは怖い

こういうことを言うと誤解を招くかもしれませんからお話ししておきますが、私は借金が嫌いなのではありません。

むしろ常識的な人、良識のある人たちに比べれば借金に対して寛容だと思います。

実際、今は億単位の借金をしています。

私は不動産投資をやっていますので、購入のためにローンを組みます。何棟も買っていますので購入時のローン総額は6億を超え、今もローン残高は5億近くあります。

そのことからもわかっていただけると思いますが、私は借金が嫌いなのではなく、**返済根拠の裏づけが弱い借金をすることに危うさを感じているのです。**

常識のある方でしたら、5億近いローンを抱えていたら、返済不能になるリスクを心配されるでしょう。しかし、私の意識は正反対です。

返せなくなる心配などまったくしていませんし、これからも変わらないでしょう。

不動産投資のための借金なら、購入した物件自体からの収入がローンを支払ってくれます。まさに、**「収入を得るために借金をする」**わけです。

しかし、住宅ローンで購入した夢のマイホームの場合は、収入をもたらしてくれるわけではなく、毎月の支払いが必要になります。

私が借金をして不動産投資をするときには、ローン完済までの詳細なシミュレーションをします。その際、入居率の悪化、金利上昇から火災、地震などの天災など、予想できるかぎりの投資リスクを織り込んで検討し、最悪の条件が重なっても返済に支障がないと予測できるものだけに投資をします。

それでも返済に支障をきたす（デフォルト）リスクはゼロにはならないでしょう。

ローン20年
マイホームの
住宅ローンは
たった一人で
支払うんだけど
10年完済
102号室
101号室
103号室
104号室
不動産投資は
入居者さんが
支払って
くれるからね

しかし、リストラや病気のために住宅ローンが返せなくなるリスクに比べれば、その確率は非常に小さいと判断しています。

私は1つの大規模な物件だけに投資するのではなく、10棟の物件に分散投資をしています。分散投資で一定規模を確保することによって、さらにリスクを減らしているわけです。

つまり、投資総額が大きくなり、それに伴って借金総額が大きくなっても、デフォルトのリスクはそれに比例して増大しないということです。

むしろ投資の精緻なシミュレーションをもとに、一定レベル以上の物件を購入し続けるのであれば、大数《たいすう》の法則※が働き、投資総額、借金総額が増えるにつれて、デフォルトのリスクは減少していくという、反比例の関係になると考えられます。

リスクを減らすために借金を増やすこともありえるということです。

私にとって借金とは、確実なリターンが得られるときにだけするものなのです。

リターンが得られない借金、住宅ローンを無防備にする勇気は、私にはありません。

※大数の法則とは、確率論で扱われる概念です。

たとえばコインを投げて表裏の出る確率は理論値では2分の1ですが、その回数が少なければどちらかに片寄ることがあります。しかし回数が増えれば増えるほど（大きな数↓大数になるほど）２分の１に近づきます。つまり、実際に行う数が多くなれば理論値との誤差が小さくなるのです。

これを大数の法則と言います。

投資の場合、シミュレーションとその結果に差が発生することも多々ありますが、その数を増やしていくことにより、全体としてはイレギュラーが出にくくなるのです。

つまり投資予測と結果の乖離《かいり》が狭まることによって投資リスクの低減効果が期待できます。

第3章 借金の二面性を知る

「5億の借金は平気なのに、数千万の住宅ローンは怖い」

前章の最後の小見出しにある、この言葉の意味を理解していくことが、「借金パワーで金持ちになる」ための基本です。どうしてそうなるのか、1つずつ検証していきましょう。

お金の利用方法で人生に差がつく

サラリーマンが真面目に定年まで働いたとします。それでも、今の制度だと**引退後にもらえる年金は初任給以下**になってしまいます。

人生ゲームでゴールしたらスタートに戻ってしまったようなものです。再スタートできればそれも良いでしょう。でも、そのときにサイコロを振る力は残っているでしょうか。

ところが、ゴールを迎えた人の中には余裕のある人達もいます。同じサイコロを振って進んでいたつもりなのに、なぜか差がついているのです。

特別な能力か才能を持った人や、元々資産家の人ならば差があるのも当然ですが、仕事も能力も変わらない人の中でも差ができているのです。

その差は、お金の利用方法に原因があるように思えてなりません。

お金はどうして生まれたのか

お金というのは不思議なものです。

その起源は定かではありませんが、物々交換の不便さを解消するために発明されたと考えられています。

貨幣論などの本によると、お金の基本的な機能とは、交換の媒体、物品を比較する尺度、蓄財の3つだと言われています。

1．交換の媒体としての機能

お金が存在しない世界で、漁師のAさんは魚を獲り、Bさんは水がめを作り、Cさんはお米を作っています。

水がめを作っているBさんが魚を手に入れたいと思う場合、Aさんに交換のために差し出せるものは水がめです。でもそのときAさんは水がめよりお米が必要でした。一方、Cさんは水がめが欲しいと考えていました。この場合、BさんがAさんと直接、水がめと魚を交換しようとしても、取引は成立しません。魚は保存がきかないため、お互いに相手のものが必要になるまで待っていることもできません。

そこでBさんは水がめをCさんの米と交換し、その米と引き換えにAさんの魚を手に入れました。これで取引は成立です。

この場合、Cさんの米は、Aさんの魚とBさんの水がめとをつなぐ交換の媒体としてお金と同じように機能したと考えられます。

2．物品を比較する尺度

この例で、お米が水がめと魚の交換の媒体として使われたのは、お米を主食とする社会ではお米は誰にとっても必ず必要となるものだからです。つまり、お米は社会全体に共通した価値を持つものだという、コンセンサスが取れているわけです。

つまり、物々交換で直接取引されない物品同士でも、お米と交換した場合に得られるお米の量で比較することによって、その価値の大小が表されることになります。

お米が共通の価値の尺度になった、と言うことができるでしょう。

3. 蓄財の機能

さて、漁師のAさんはある日大漁に恵まれました。

Aさんが今必要なものを入手するのに、直接交換しても大量の魚が余ってしまいます。

また、Aさんが本当に欲しいものがすべて、今この場ですぐに物々交換で手に入るわけでもありませんでした。

でも、生の魚は保存が利かないので、とりあえずAさんは一定期間保存が可能で、常に必要な人がいる米に交換しておくことにしました。

こうして米にして保存しておけば、なにか欲しいものがあったときにいつでも交換できます。

つまり、社会全体で価値があると認められ保存が可能なものと交換しておけば、将来に使うことができるのです。これが蓄財の機能です。

この**「社会全体で価値があると認められ保存が可能なもの」**としては、歴史を振り返ってみると、**穀物、塩、布など**があります。しかし、物品は保存ができるといっても時間の経過とともに傷みますし、大きな取引の際には運搬も大変です。

そのため試行錯誤のすえ、運搬、保存が容易で誰もがその価値を認める**金（gold）や銀と**

いった貴金属が一般的に使用されるようになりました。その後、金（gold）と交換できることを国が保証した紙（兌《だ》換《かん》紙幣）が登場しました。

現在では兌換は行われなくなっていますが、**紙幣（お金）を発行する国の信頼度がその代わりとなり、**お金の持つ「交換の媒体、物品を比較する尺度、蓄財」の3つの機能は有効に働いています。

金利の不思議

では、お金を借りたり貸したりした場合に発生する「金利」についてはどうでしょう。

なぜ、お金を借りると金利を払わなければならないのでしょうか。これまでの説明からすると、お金が発明されたときに、そんな機能はなかったはずです。

イスラム教では現在でも金利をとることが禁止されていますし、旧約聖書でも同様だったようです。これは、金利は本来のお金の機能というより、あとから発生したものであることを示している証拠かもしれません。

本来目的のものと交換されていない（実際に使われていない）状態のお金は蓄財機能の状態となっていますが、蓄財すること自体によって自然にお金が増えていくということは考えられないはずです。

いったい金利の根拠はどこにあるのか、考えてみました。

たとえば、何か儲かる商売を思いついた人がいるとします。アイディアはとても良いのですが、そのためには道具が必要です。道具を買うにはお金が必要ですが、その人にお金がない場合は持っている人から借りなければなりません。

お金を持っている人はお金を必要としている人に貸すことができます。しかし貸したお金が必ず返済される保証もありませんので、身内や特別な関係でないかぎり、何かメリットがなければ貸す気にはなれないでしょう。

でも、もし一定期間貸したあとで割り増ししてお金を返してもらうのであれば、その気になるかもしれませんね。

つまりこの場合は、「儲かる商売をしたいのでお金を貸してください。借りたお金はその商売の儲けで返済しますし、儲けの中から金利もお支払いします」となるでしょう。

お金を持っている人が他人にお金を貸すための動機となるもの、これが金利なのではないでしょうか。

イスラム教では金利は禁止されているものの、貸したお金が生んだ利潤の一部を受け取ることは認められているそうです。これも、「お金を貸すのだから儲けの一部はくださいね」ということなのでしょう。

つまり、こういうことになります。

・お金は使い方によっては収益を生むことができる
・現代社会において、お金は自分で持っていなくても借りることで利用が可能
・そのためには貸主に対して金利、もしくは利潤の一部分の支払いが必要

ここに「同じサイコロを振って進んでいたつもりなのに、ゴールでは差がついてしまう」原因がありそうです。

消費のための借金と金利

金利の根拠について、「商売をするため」の場合に基づいてお話ししました。歴史を遡《さかのぼ》ってみると、金利についての最古の記述は紀元前18世紀のハムラビ法典で、種子を借り、収穫された穀物によって、割り増して返す際の利率、返済方法、取立てまで規定されているそうです。日本でも8世紀の養老律令において、出挙《すいこ》という、稲や粟の利子付貸借の記述が見られます。

種を借り、それを育てた成果の一部を金利として払うのが金利の起源だとすれば、借金をす

るという行為は本来、商売をするためのものであったはずです。
つまり、**借金とは、金のなる木を買うお金を調達するためのものである**と考えることができます。

しかし、現代社会においてお金を借りたい人がすべて「商売をするため」に借りるとはかぎりません。むしろ商売をするためではなく、「今生活に必要なお金がないから、お金を借りる」人が圧倒的に多いでしょう。

この場合、太古のように種子を借りてその実りから返済するという繋がりはなく、返済のための支払いと借りたお金との関係は断絶しています。つまり、
「生活のために必要なのでお金を貸してください。借りたお金は使ってしまいますが、これから働いて返します」
ということになります。

借りたお金と返すお金に生産的な関係がないということは、返済根拠が明確でないということです。返済のためには何らかの別の対価、たとえば実際に働かなければ得られない給与所得などを使わなければなりません。

現代社会において収入を得るために働く場合、古代の農耕社会と違って種子を必要とはしま

せんし、商売をしている人（会社）に雇われれば商売道具も必要ありません。

ですから、貸し手も「借りたお金は使ってしまいますが、これから働いて返します」という約束でお金を貸すことができるのです。

これが現代の社会人の常識ですし、これに疑問を感じることも少ないでしょう。でも、借金の根源的なあり方から逸脱しているのではないでしょうか。

作物を育てるために種を借りるのであれば、借りる種の量は蒔《ま》く畑の広さが限度となります。畑の広さ以上に種を借りると、余分な種に対しても金利として割り増しして収穫を渡すことになるため際限なく借りることはないでしょう。

しかし、「生活のために必要なお金を借りる」場合には、**本当に生活に必要なお金なのか、**そうではなく**贅沢な生活をするために必要なお金なのか、**という問題が発生します。

また借りるお金の大きさと働いて稼げるお金の大きさには相関関係がありませんから（大きな借金をしたからといって、給料も高くなるということはありませんね）、返済能力以上のお金を借りてしまう場合があるのです。

このように、借金の原初的な目的である「金のなる木を買うためにお金を調達する」ことから逸脱した借金が平然と行われている社会において、借金が多くの悲劇を引き起こしてしまうのも当然ではないでしょうか。

投資のための借金と金利

一方、「商売をするために借りるお金」は借金の根源的な機能ですので、しなくて済めばその方が良いとはいえ、必然性がある経済行動ということになるでしょう。

実際に商売を始めるために借金をするのでなくても、将来、購入した金額以上のアウトプットが望めるものを購入するために借金をすることは、借金の根源的な機能にかなうものです。

このように、インプットに対してアウトプットが大きくなる可能性のあるものを購入することを「投資」と言います。たとえば手元にある辞書を見ると、次のように書いてあります。

投資――利益を得る目的で、資金を証券・事業などに投下すること

（「大辞林」三省堂より）

ここで注目すべき点は、投資の資金を自己資金でまかなうのか、それとも借金で購入するのかということは、投資という行為やその結果には無関係だということです。

たとえば、何らかの事業を始めるとして、その投資に必要な金額が1000万円だとします。この投資が年に20％の収益を生むとしたら、投資した人は1年後に1200万円の資産を手に

借金は怖いけどタケウマに乗ってるように速くすすむこともできるんですよー

入れることができます。これを投資の尺度では20％の投資利回りと言います。

このとき1年後に手に入れる資産は、投資したお金が全額自己資金であっても全額借金であっても変わりはありません。違いは、借金で投資した人は増えた資産から金利分を支払わなければならないということだけです。

であれば、この場合に問題となるのは「金利」です。

借金をして投資をした人は金利を支払わなければなりませんが、その金利が投資収益以上であれば、収益を超える部分の金利は投資した人の損失となってしまいます。

収益20％の投資（投資利回り20％）の場合、金利が5％なら15％の収益が残りますが、金利が25％なら5％の損失となってしまいます。しかし、50％の投資収益（投資利回り50％）があれば金利を25％払っても25％の収益が残ります。

つまり、投資を借入金で行う場合の原則は、金利そのものが高いのか安いのかではなく、投資利回りから金利を差し引いた値がプラスとなることであり、その値が大きければ大きいほど有利な投資と考えられます。

そう考えると、投資に使うお金を借金でまかなうということ、「金のなる木を買うために借金をする」ことに関して言えば、現在の日本の低金利は、投資に最適な状況を提供していると言えるでしょう。

会社経営のための借金と金利

日本の会社の平均自己資本比率は32・８％です。

つまり、もし10億円の資産を持つ会社が資産をすべて一斉に売却するとしたら、売却代金のうち3億２８００万円が会社オーナーの手に渡り、債権者へは6億７２００万円を支払うことになります。

逆に、この10億円の資産が必要になる事業に投資をするとしたら、平均の自己資本比率を採用すれば6億７２００万円の借り入れをして、残りを自己資金で始めることになります。

さて、ここであらためて会社の持つ負債について考えてみましょう。

会社が借金をするためには、当たり前のことですが、貸してもらうためのお金がどこかになくてはいけません。

そのお金はどこから来ているのでしょうか。

銀行から借りているわけですから、銀行から来ているのでしょうか。

もしも銀行が自己資本比率１００％なら、確かにそうなります。でも、国際決済銀行が定める規定では、国際業務を営む**銀行の自己資本比率は最低で8％**が求められます。銀行の自己資本は2桁になれば優良だと言われているようです。

結局、**お金を貸す銀行もどこかからお金を借りてきて融資する**わけです。その借りてきたお金の中には、私たちの預金などのお金も含まれています。

ということは、「大きな借金があっても社長さんは会社を所有している」のですが、その借金の元になっているのは、もしかしたら私たちのお金かもしれません。

今、銀行にお金を預けても利子はごくわずかです。預金者にメリットはほとんどないと言って良いでしょう。

しかし専門家は、金利というものは物価上昇率と合わせて考えるもので、90年代から最近まではデフレだったのだから、預金に利子がつかなくてもデフレ分は得をしていることになると説明します。

確かに預金を預けていても、物価が年に10％上がるのであれば利子も10％つけてもらわなければ損をするわけなのですから、逆にデフレがマイナス2％であれば2％は得をしたという理屈も成立します。

でも、どうも「釈然としない」気がするのです。

会社経営からみたらどうでしょう。

日本の会社の自己資本比率は32・8％ですから、負債は67・2％です。

バブル崩壊以降続いたゼロ金利政策によって貸し出し金利は下がりましたので、会社の収益

銀行

銀行の92%はひとのお金でできています。
銀行の8%は自分のお金でできています。

かりてほしいけど返してくれないと困るんだよね
ほんとに返してくれるっ、
もちろん！
あしたバクチで勝てたらね

率が一定だとすれば、金利負担が減った分は最終利益をアップさせることになります。

借金金額の大きい会社ほど得をしたことになりますし、金利を下げるという金融政策は、景気浮揚のためにそのような効果も期待しています。

また、新たな事業展開を始める場合、つまり投資をする場合には、投資利回りと金利との差がどのくらいあるのかが問題となりますが、調達金利がまれに見る低い水準にある今の日本は、会社経営にとってメリットが大きいといって良いでしょう。

つまりこういうことです。

・預金金利が低くても物価上昇率がそれ以下なら、デメリットはないがメリットも実感できない
・日本の会社の持つ資産の大半は借金でまかなわれているため、借入金利が下がれば収益改善効果が大きい
・調達金利が低い状況は投資に有利に働く

投資とは金のなる木を購入し、育て、その果実を得ることです。その木を自己資金で買っても、借金で買ってもその価値は変わりません。

今の日本には、借金をして投資するための環境が整っているのではないでしょうか。

借金で金持ちにも貧乏にもなれる

お金は交換の媒体として発生しましたが、次第に蓄財の機能を生み、蓄えられたお金は投資に振り向けられることによって、増える力を備えました。

そして、その力は実際に蓄財した人はもちろん、そのお金を借りて投資をする人でも平等に使うことができます。これがいわば**「金持ちになる借金」**です。

反面、お金を借りるという行為は同じでも、その目的が投資ではなく消費に使われる場合、その借金はなにも生み出しません。

この場合、金利も払わなければいけませんから**「貧乏になる借金」**とも言えるでしょう。

同じ借金でも、その目的によって正反対の性格を持っています。この二面性に気づけば、**借金パワーはあなたの味方になってくれる**可能性があります。

第4章（借金パワーを味方につけよう）

資本主義では、資本の所有者は収益を得ることができます。

お金は投資することによって資本となり収益を生むことができるのですが、普通預金や定期預金の状態では「お金を預けていてもほとんど金利がつかない」のが現在の日本の状況です。

「元金が保証されているから仕方ないことだ」と言う人もいます。

確かにそうかもしれません。

しかし、その元本保証という条件で預けたお金は金融機関の管理のもとで貸し出され、大半の融資先はそのお金を資本に変えて収益を上げているのです。

お金が資本に変われば一定の利益率を期待できるという事実があるのに、なぜ低金利政策ということだけで金利がほとんどつかないのでしょうか。

資本の所有者は収益を得ることができます。

それならば、資本と交換できる現金を預けた場合に、投資リスクを差し引かれたとしても一定の利率は確保され分配されても良いはずですが、現在はまったく違っています。

この状況が私には異常なことのように思えるのです。

そして、この歪んだ経済状況は、現金を持っている側ではなく、その現金を低金利で借り資本に変えた側だけに、有利に働いているのではないでしょうか。

しかし、この状況は資本主義経済においてイレギュラーな状況だと考えられますので、ずっと続くとは思えません。だからこそ「借金パワーで金持ちになる！」ための環境は今、千載一遇の機会として整えられているのです。

私にはそう思えてなりません。

金持ちになる借金、貧乏になる借金

借金には力があります。

ただし、その力は使い方によってあなたを金持ちにも貧乏にもできる両刃の剣です。

プラスに作用させるのか、マイナスの影響を受けてしまうのか、それはすべて借金の使い方にかかっています。

貧乏になる借金と金持ちになる借金は、大きく違っています。簡単に言うとこんなふうです。

・貧乏になる借金とは、そのお金を使うことによってなんら見返りがなく、借金は金利も加算されてそのまま残ります。その借金を返すためには他からお金を持ってこなければなりません。
・金持ちになる借金とは、そのお金を使うことによって借金を帳消しにしてしまい、さらにお金を残してくれます。

同じ借金なら金持ちになる借金をしたいものです。

貧乏になる借金は終わりのないマラソン

この2つの借金には、さらに大きな違いがあります。

・貧乏になる借金は、返済するためのお金を支払えなくなると終点を迎えます。その結果は悲惨なものになります。
・一方、金持ちになる借金に限度はありません。借金の力で金持ちはより金持ちになることができます。

貧乏になる借金を抱えると、その返済原資は「自分が働いて稼ぐこと」しかありません。

少額を一時的に借りて短期間で返すことができるのであれば問題はありませんが、一定限度を超えると金利を支払うのが精一杯で、元金は減らない状態に陥ってしまう場合があります。

これは終わりのないマラソンをさせられているようなもの、倒れるまでずっと金利を払い続けることになります。

「実際に倒れたら貸主も困るからそんなことはないだろう」と思ったら大間違いです。

もしあなたが200万円を借りたら

利息制限法の上限金利である年15％（元本100万円以上）でお金を借りた場合を考えてみましょう。

200万円借りるとすると、年間の金利分の支払いは30万円です。

月額に直すと2万5000円となります。

借主が金利分のみを支払うと仮定すると、貸主は30万円の金利を約6年半受け取ることができれば元金分の200万を回収できます。受け取った金利が200万円の元本を上回ると、貸主は元手ゼロで200万を貸していることになります。

しかも、最初に貸したお金200万円の15％、30万円をもらう権利および、元金200万を返してもらう権利はそのままです。

一方、借主の側から言えば、「払った金利合計が元金の２００万円を超えてしまったけれど、元金２００万円はまったく減っていない」ことになります。

借主は、これからもずっと15％の金利分である30万円を毎年支払う義務があるのです。月の支払いに直すと2万５０００円、この返済額を時給１０００円のアルバイトでかせぐとすると、そのために月に25時間働かなければならないことになります。

その後10年して、借主が力尽き元金が返せなくなったとしても、貸主はすでに元金２００万円に加えて金利３００万円を受け取って十分儲かっていますが、

「お疲れ様でした、ところで連帯保証人は……」

とさらに権利を主張してくるでしょう。

こういう話をすると、「年15％の金利というのがそもそも高いのではないか」と思われる方があるかもしれません。

でも、年15％というのは、消費のための借金をする場合には、法外に高いイレギュラーな金利ではありません。消費者金融（いわゆるサラ金）や、クレジットカードのリボ払いやキャッシングならごく普通についてくる金利です。

ウソだと思われる方は、ご自身のクレジットカードの利用代金明細をちょっとチェックして

みてください。

金持ちになる借金とは何か

それはさておき、今の悲惨な話を貸主の立場で考えてみましょう。

お金の貸付を業務としている銀行が、実は借りてきたお金を貸し付けているという話はすでにしましたね。この貸主も同じように、借りてきたお金を貸しているのかもしれません。

もし、この貸主が貸したお金が、実は金利2％で借りてきたお金だったらどうでしょう。

金利15％を受け取って2％を支払うことになりますから、貸主の手元に残るのは13％です。

この場合、貸し付けたお金は8年弱ですべて回収できます。

この段階で貸主が借りてきたお金をすべて返済したとすると、貸主は借金を帳消しにして（つまり元手ゼロで）、さらに年15％の金利（200万の貸付なら30万円）を毎年得る権利を手に入れたことになります。

貸主は自分が借りてきたお金はすでに完済していますので、自分自身が返済不能になるリスクはゼロです。

あとは、借主がどこまでがんばって金利を支払い続けてくれるのかがポイントになりますが、これ以降はいくらお金が増えるかというだけの問題ですので、気楽なものでしょう。

借主も貸主もどちらも同じ借金のはずなのに、この差はどこから生まれるのでしょうか。

負のサイクル vs 上昇スパイラル

貧乏になる借金というのは、そのお金から何も生み出さない借金です。

飲食や旅行、ブランド品の購入などにお金を使ってしまうと、手元には何も残りません。残るのは、おいしかった、貴重な体験をしたといった満足感ですが、借金をしてまで味わうべきものでしょうか。

ブランド品は財産だと言う人もいますが、中古になればどうしても価値が下がりますので、減価分と金利はマイナスとなります。

消費に使ってしまう借金とは、欲望を我慢できずに先取りしてしまうことなのです。

一方、金持ちになる借金は、お金を消耗することを目的としていません。

貧乏になる借金と同様にお金は手元に残りませんが、それは一時的なことです。時間の経過とともにお金が増えて戻ってくることを目的として使われます。

この2つの借金の差は、表面的には金利の差として現れる傾向があります。

貧乏になる借金の場合、その返済原資は借り手の将来の働きにかかっていますが、**欲望を我慢できずに先取りしてしまう人々は返済不能になるリスクも大きい**と推測できますので、その分金利も高く取らなければ採算がとれないと考えられます。

よって、貧乏になる借金は高金利になる傾向があります。

そして、高金利になればなるほど返済が大変になり、それがさらに返済を難しくしてしまいます。**負のサイクルが始まってしまう**のです。

貧乏な借金はさらに貧乏な借金を増やしてしまいます。

金持ちになる借金は、それが計算に基づきリスク管理されているのであれば、貸し倒れリスクは小さくなりますので、高い金利を支払う必要はありません。

また返済が進んでいけばリスクはますます少なくなっていき、確実な収益を得られるようになります。リスクが減れば、さらに次の借金をすることも可能になります。つまり、次の「金持ちになる借金」をすることができます。

そして、金持ちになる借金をすることで、**借金をすればするほど豊かになっていく上昇スパイラルを作ることが可能になります。**

金持ちになるには怖くない借金をしよう

「借金は怖い」

最初は誰もがそう思います。

貧乏になる借金例
借金でカジノ
借金で買ったクルーザー
借金で行くバカンス
借金で貢ぐ

しかし、そこで考えることをやめたら、あなたにはお金の使い方について、次の2つの選択肢しかありません。

・お金を自分で稼いでから使う
・お金を借りて使い、あとから金利をつけて働いて返す

しかし、お金の使い方がこの2つだけでは金銭的に豊かになるのは非常に困難です。**豊かになるためには借金の良い面を使いこなすことが必要です。**本章では借金がなぜ怖いのかを考え、普通の人が豊かになるヒントを探します。

なぜ消費のための借金は怖いのか

でも、なぜ消費のための借金は怖いのでしょう。

もちろん、どうしても借金をしなければならない事情、たとえば急病になってまとまった額の治療費の支払いが生じた場合や、遠方に急用ができて旅費が必要だったり、自動車事故で修理費が必要になったりすることもあります。

このようなイレギュラーで、借金することに継続性がない場合は、その金額が高額にならな

ければ問題はないでしょう。金利を取られるとはいえ、借金によって一時的にお金の補塡ができることは社会的にも利便性が認められ、貸金業の社会的意義もわかります。

しかし、問題なのは本当に必要なお金ではなくとも実際にはお金を借りることができてしまい、実際に借りてしまう人が後を絶たない、ということです。

どうしてでしょう。

借金は怖いと思いながらも、その怖い借金をしてしまうのは何故でしょうか。

もしかしたらお金を借りるとき、「借金は嫌だ」「借金は怖い」と内心思いながらも、「皆が借りているから大丈夫」だと言い聞かせているのかもしれません。

たとえば、カードローンやサラリーマン金融（＝消費者金融）などの、テレビで切れ目なく流れているＣＭに背中を押されて借りてしまうのではないでしょうか。

ずいぶん昔になりますが、サラ金の宣伝で「円ショップ○○」というキャッチコピーがありました。円＝お金が買えるところがサラ金だそうです。売ってくれるのですから、返済しなくて済めば良いのですが、そうもいきません。

コピーライターの才能はたいしたものですが、そうやって麻痺させられた犠牲者は相当数いたのではないでしょうか。

また、今ではローンカードを作れば、銀行のキャッシュカードと同様にディスペンサーからお金を引き出すことができます。しかし、操作方法は一緒でも、キャッシュカードで引き出したお金は自分のお金、ローンカードで引き出したお金は金融機関などからの借金です。

最近はキャッシュカードにローン機能がついているものも多くなりましたから、ますます自分のお金と借金の境がわかりにくくなっています。

パチンコ店近くの自動貸付機事情

私は不動産投資をやっていますので、店舗の賃貸などの話も耳にすることがありますが、街で良く見かけるサラ金の自動貸付機の話を聞いたときには驚きました。

この自動貸付機、一台のスペースにつきいくらという形で、サラ金の会社が大家さんから場所を借ります。好適地は大型パチンコ店の近くだそうで、さらに競合他社の貸付機が置いてあるほうが良いそうです。

パチンコ店の近くというのは、パチンコでお金を無くした人が、「もう少しやれば出るから」と借りにきたり、パチンコをやるお金が無い人が儲けから返済すれば良いと考えてお金を借りてくれるそうですが、そういうものかなと思います。

でも、競合他社の貸付機が置いてあるほうが良いというのはどういうことなのでしょう。普通は競合社の機械が置いてあれば、そちらから借りてしまう可能性もありますので、他社の貸付機はないほうが良いようにも思われます。

ところが実際は一台だけのところより、たくさん貸付機がある場所が成績は良好だそうです。

それはなぜでしょうか。

サラ金でお金を借りる人、遊興費のためにお金を借りる人というのは、一社だけの融資額では満足せず、各社から限度額一杯まで借りてしまうことがよくあるため、一カ所にまとまっているほうが利便性が高く人気があるようです。

でも、そこまでの「ツワモノ」がいるからというだけではなく、本当の理由は、普通の感覚の人が仕方なく一度に各社から借りなければならないケースが多々あるからなのだそうです。

収入のあてもなくサラ金でお金を借り、遊興費として使ってしまうと、当然のことながら期日までにお金は返せません。そのため、返済期日になると、別のサラ金から最初に借りたサラ金への返済分（これには元本に金利分が加わっています）を借りて返済します。しかし、新たな借金はまた期日がくれば返済しなければなりません。

そして、さらに金利分が上乗せされたお金を別のサラ金で借りるということを繰り返していく度に、毎月どこかのサラ金の借金を他のサラ金で借りて返すという負のサイクルから抜け出せなくなります。

その結果、各社の貸付機が一カ所にまとまっていたほうが便利だという人が出てきて、競合会社の貸付機が並んでいると営業成績が良くなる、という事情だそうです。

消費のための借金には際限がない

この話は極端な例ですが、ここに借金の怖さが凝縮されています。

ひとつは、**遊興費としての借金には限度がない**、つまり、**消費のための借金には限度というものがない**ということです。

貸付機が目の前に行列を作り「お金を貸してあげます」とささやかれたとき、欲望に対して貪欲な心は、つい誘いに乗ってしまう可能性があります。

際限のない借金でも、金利さえつかなければ返済することも可能かもしれません。

しかし、金利を加えて返済をするということは、今満たした欲望よりも大きな欲望を将来我慢しなければならないことを意味します。

今の欲望を我慢できないとしたら、将来のより大きな欲望を抑えることは困難なのではないでしょうか。

もうひとつの怖さは、仮に欲望を抑えて借金を返済しようと努力しても、いったん金利の支払いのために新たな借り入れをしなければならない状況に陥ってしまえば、**借入金は複利の力で加速度的に増えていってしまう**ということです。

借金を新たな借金で返済することは一時しのぎでしかありません。

最後に行き着く先は金銭的破滅です。

借金で金持ちになろうという本なのに、脅かすようなことばかり書いていますね。

でも、借金の怖さを理解しておくことこそ、借金で金持ちになる早道なのです。

なぜあなたは他人のために金利を払うのか

借金をしてその返済のために大変な思いをする人がいれば、それを商売にして、儲けている人もいます。この落差はどういうことなのでしょう。

「借金の返済に困る」というのは、よく聞く話です。

でも、この言葉だけでは、困った人の状況を明確に表していません。

なぜ困っているのか、困らせているのは借金のどの部分なのか、考えてみましょう。

毎月返済するお金には、元本と金利があります。そこで、「借金の返済に困る」と一言で言われている状態を、次のように分解してみます。

①元本返済分も金利分も払えなくて困っている。
②金利は払えるが、元本返済が進まず困っている。

③元本も金利も払えるが、返済で生活が圧迫されて困っている。

300万円を借りるとして、金利が5％、10％、15％の3パターンで、返済期間が1年、5年、7年、10年、15年と条件を変えて考えてみましょう。

当然のことですが、表2のように、返済期間、金利によって月々の返済額は違ってきます。

たとえばAさんが300万円を5年返済で借りて月々6万円を返済する場合は、金利5％なら返済可能ですが、10％、15％だと返済額が不足します。この場合、10％、15％だと、金利返済は可能なので②のケースにあたります。

つまり、Aさんが債務不履行になるかどうかは金利次第ということになりますが、15％の金利だったとしても7年返済なら返済は可能です。

Aさんは返済期間を延ばすことによって「助かった」と思うかもしれませんね。

でも、ちょっと待ってください。

5年返済でも、金利5％なら返済は可能となります。つまり金利10％や15％で返済が苦しい場合でも、5％に金利を下げてくれれば返済期間を2年延ばさなくても返せるわけです。

しかし、Aさんには信用がないため、金利15％の条件でしかお金を借りることはできないとしたら、返済期間を延ばすという選択肢しかありません。

表２　300万円借りたときの返済額は？

返済期間	適用金利５％			適用金利10％			適用金利15％		
	返済額	元金	金利分	返済額	元金	金利分	返済額	元金	金利分
1年	256,822	250,000	6,822	263,747	250,000	13,747	270,774	250,000	20,774
5年	56,613	50,000	6,613	63,740	50,000	13,740	71,369	50,000	21,369
7年	42,402	35,715	6,687	49,804	35,715	14,089	57,889	35,714	22,175
10年	31,819	25,000	6,819	39,644	25,000	14,644	48,333	25,000	23,333
15年	23,722	16,666	7,056	32,236	16,666	15,570	41,986	16,666	25,320

＊元利均等返済　元金と金利は月々異なりますが平均値で表示してあります。また計算方法により異なる場合があります。

②が③のケースに変わったわけですが、「生活が圧迫されて困っている」期間が2年延長されたことになります。
もしAさんが月2万円しか返済できないのに300万円を借りたとすると、15%の場合は返済期間に関係なく、元本はまったく返済されない状態が続き、金利の不足分は債務として新たに加わってしまいます。

消費のための借金が経済的奴隷を作り出す

なぜ、そうまでしてAさんはお金を借りるのでしょうか。やむを得ない理由で借りる場合や、必要ではない消費のために借りてしまう場合もあるでしょう。

でも、Aさんがお金を借りる根本的な原因は他にあるのではないでしょうか。目的を問わず、貸してくれる人がいるからです。Aさんから高い金利をとり、それで利益を得ている人がいるからです。

Aさんに信用力がなく、金利15%でしかお金を借りることができない経済状態だったとしたら高金利はやむを得ない。これが世の中の常識です。

冷静に考えると、お金が無い人にさらに高金利でお金を貸すということは、その人をますます窮地に追い込むようなものだと思うのですが、これが「常識」なのです。

その根拠はＡさんには信用力がないので、貸す側にとっても貸し倒れのリスクを伴うから、ということです。たとえば３００万円を７年返済としたら、７年間貸主はリスクを背負うから仕方ないと考えるのです。

でも、本当に貸主のリスクは７年間なのでしょうか。

貸し倒れのリスクがあるから高金利で貸すというのであれば、元金が返済されるまでの期間が貸主が本当にリスクを引き受けている期間だと考えることもできます。

高金利でお金を貸した場合、受け取った金利部分を金利とは考えずに、とりあえずは元本を返済してもらっていると考えたらどうなるでしょう。

Ａさんが３００万円を金利15％で借りると、月々の返済額は５万７８８９円です。

この金額だと52回（４年と４カ月）の返済を受けると約３０１万円になりますから、貸付金は回収したと考えることができます。

つまり元本が戻ってこないリスクを負担するのは４年と４カ月の間だけで、７年間ではありません。それ以降は貸主にとってリスクゼロで金利をもらっているとも考えられます。

つまり、４年と４カ月経過後の返済金はすべてリスク負担ゼロの貸主のために払っていることになります。現代社会に奴隷制度はありませんが、４年４カ月を過ぎてから７年の完済までの30回分の支払いのために、Ａさんの働きの一部分は貸主のための経済的な奴隷となっている、という見方もできるのではないでしょうか。

これが偏《かたよ》った見方に基づいた極端な意見であることは承知しています。

現代社会において、金融の役割は重要ですし、ライフサイクルから考えて、低利で今必要なお金を借り、将来の収入で返すことにも合理性があることも理解できます。

また、お金を貸すにも経費はかかりますから、元金分の返済が済んでから受け取るお金が、すべて貸主の利益になることはありません。

しかし、消費のためにお金を借り、金利を支払い返済するということは、将来の自分の収入を担保とすることです。

そこにはお金を借りる人がお金を貸す人の経済的な奴隷になるリスクが潜んでいることは、理解しておかなければならないでしょう。

自分のために金利を払おう

このように、借金にはリスクが潜んでいます。

しかし、一方でお金を貸す側にとっては利益をあげる有効な手段であるとも言えます。

バブル崩壊以前のテレビではあまり見かけなかったのですが、最近は消費者金融のＴＶＣＭ

が絶えず流れています。多額の広告料は、元をたどっていけば借りている人の金利から出ているのではないでしょうか。その広告でさらに貸し出しを増やそうと煽《あお》っている現在の状況を考えると、憂鬱な気持ちになってきます。

このような時代に生きる私達にできること、それは、うわべだけのイメージに惑わされず、借金というものの実態を直視することです。

しかし、借金にはマイナス面だけではなく、良い面もあります。

消費者金融会社でも、貸付資金の大半は自己資金ではなく、低利の借入金でまかなっています。つまり借金をし、又貸ししているのですね。

このように借金は借り方、使い方によっては、借り手にとってプラスにもできるのです。たとえば融資するためのお金を金利２％で借りて、15％で貸し出すことができれば、その差額13％が粗利益となります。会社の人件費、貸し倒れなど全体の経費が13％未満、たとえば10％だったとしたら、貸し出し残高の３％が純利益になります。１０００億円貸していれば年間で30億円の利益が発生するわけです。

つまり、借金をして儲けることが可能だということになります。

では、個人はどう行動すれば良いのでしょうか。まさか個人で消費者金融の会社を始めるわけにもいかないでしょう。

個人がすべきこと、それは「自分のために金利を払う」ということです。

「自分のために金利を払う」というのは、借金をして金利は払うけれども、その金利を上回る利益を得ることができる取引のために、つまり自分にとって得になる取引の経費として、金利を払うことです。

そのためには、消費のための借金をしてはいけません。

借金は、「その借金の金利を上回る収益が期待できる何か」を購入するためにするのです。

つまり、投資のための借金です。

その「何か」が本当に収益を生むのであれば、自分の労働を伴わずにお金を得ることが可能となります。また労働を伴わないのですから、規模の拡大を目指すことも可能です。

つまり自分のためになる借金であれば、採算が取れる取引が存在しているかぎり、借り入れが増えても問題はありません。むしろ借金が大きくなればなるほど収益も大きくなっていきます。

この際の上限は、自分が当初いくらまでお金を借りることができるかですが、借金による投資で実際に予定どおりの収益を上げることができれば、その限度額も高くすることが可能なのです。

各駅停車と特急列車、あなたはどちらに乗りますか

借金は消費のために使うのではなく、金利を上回る収益が期待できる「何か」を購入することと、つまり借金によって投資をすることもできます。

ただし、投資をするのに必ず借金をしなければならない、ということではありません。自己資金だけで「利益を生み出す何か」を購入することも投資です。実は自己資金だけの投資のほうが、世の中では一般的ではないでしょうか。

では、**借金を使う場合と自己資金だけの投資では、どこが違う**のでしょうか。

それは**目指す目標が違う**のです。

たとえば、あなたが東京から福岡まで行くとします。普通は新幹線か飛行機を使います。各駅停車で行く人は、何か金銭的な問題がある人か、とりわけ各駅停車が好きな人でしょう。

では、東京から品川まで行く場合はどうでしょう。新幹線は東京を出発して品川にも止まります。でも、そうやって移動する人は、よほどの変人か、よほどの新幹線マニア以外にはいませんね。普通は山手線などを利用します。

これを投資に当てはめると、自己資金の投資は東京から品川まで山手線を使うようなもの、借金を使った投資は、東京から福岡へ行くときに新幹線を利用するようなものです。

つまり、目的地（目標金額）によっては、自己資金で十分まかなえるものもあれば、借金の

力を借りなければとても時間がかかってしまうものもあるということです。

遠くまで行きたいのなら、そして今とは違う景色を見たいなら、借金の力を借りる必要があるのです。

😊違う世界を知るために特急列車に乗ろう

私は旅行が、それも遠くに行く旅行が好きです。

旅先でも、そこには自分の生活とさほど変わらない日常を送っている人々がいます。人間の生活とは、どこへ行っても本質は変わらないのではないかと思ったりしますが、今の生活とは違う「何か」を知りたくて旅に出かけるのです。

投資によって資産を増やすことは旅に——特に貨幣価値の違う国への海外旅行に——似ています。

たとえば、海外旅行で東南アジアなどの物価の安い国に出かけた経験はありませんか。そういう国に行くと、高額の所得がなくても、高級レストランやホテルなどすべての価格が安いと感じるものです。

その「安い」という感覚を、所得が高くなれば、日本で、同じ日本円を使っていても感じることができます。

旅行は各駅停車も
特急もいいけど、
乗ってみたいのは
宇宙船だ
そうです

月給20万円の人と200万円の人では、レストランで5000円の食事をするときの感じ方は違ってくるでしょう。お金を消費するときに買えるものの価値は変わらなくとも、使う人のストレスは大きく変わってくるのです。

無論、お金が人生のすべてではありませんが、物価が安いと感じられるほうが生活しやすいことは確かです。そのためには一定規模以上に資産を増やすことが必要になります。

それを達成するには、借金パワーを利用して投資することが効果的です。

いわば、投資の特急列車に乗るチケットを借金で購入するわけです。

投資リスクを決める3要素とは

私はせっかちな性格だとよく言われます。街を歩くときにも最短のルートを選びます。あまりほめられたことではありませんが、交通量が少なければ道路を横断するときも点と点を結ぶ直線上を歩いたりします。つまり、目的の方向をめざして斜め横断するわけです。

込み入った町並みで裏道を探すのも好きで、時には側溝まで降り、靴が泥だらけになったりすることもあります。たまに失敗して遠回りになることもありますが、それもまた楽しいものです。

決まった道で信号を守り、歩道を使って歩くのが自己資金での投資だとすれば、借金を使った投資は、斜め横断、裏道、側溝などを探し最短ルートで歩いていくようなものです。

その道のりは、横断歩道を行くよりも事故や怪我をする確率が高いかもしれません。

しかし、見通しの利く道路で見渡すかぎり車がいないのであれば、車が見えてくるまでは歩道を歩いても車道を歩いても、交通事故には遭わないでしょう。また側溝をウォーキングシューズで注意深く歩けば、歩道で転ばない確率と同じくらい安全に歩けるでしょう。

借金での投資が怖いというのは、たとえば道路の左右を確認せずに渡ろうとしたり、側溝を滑りやすい革靴のままで歩こうとするから怖いのです。

注意を払い、準備を怠らなければ、過度に怖がる必要はありません。

もちろん、歩道を歩くのと車道を横切ることのリスクが同じといっているのではありません。「見通しの利く道路で見渡すかぎり車がいない」場合にかぎり、車が見えてくるまでの間（つまり車というリスクがない間）であれば、歩道でも、車道上でもリスクは同じだと言っているのです。

一定の条件が揃っている時間が、ショートカットするタイミングなのです。

実際の投資においても、同じことが言えます。

たとえば私が収益不動産への投資を始めた90年代後半は、バブルの痛手を引きずった状態で、現在と同様に金利水準は低く、収益不動産は見向きもされなかった時期です。

見向きもされない物件の価格は安くなりますが、安く買ったからといって家賃収入が安くなることはありません。

つまり、期待される収益は変わらないのに、必要な投資金額は少なくなっていたのでした。

それはちょうど、車道に車がまったく見当たらないのにほとんどの人が渡ろうとしない、そんな状況でした。

常識のある人達は「皆が渡ろうとしないのだから、車は来ないけれどきっと何かあるのだろう」と思ってためらっていましたが、私のようなひねくれ者は「車は来ないんだから、渡って悪いことは何もないはずだ」と考えたのです。

とはいえ、当時私は不動産投資に関して「まったくの素人」でした。そのため今思えば拙い考えですが、3つのことを考えて渡ろうと決心しました。

それは、道路を横断する（投資をする）のに、

・どのくらいの間なら車が来ないのか
・横断するにはどのくらいの時間がかかるのか
・短縮できる時間はどのくらいなのか

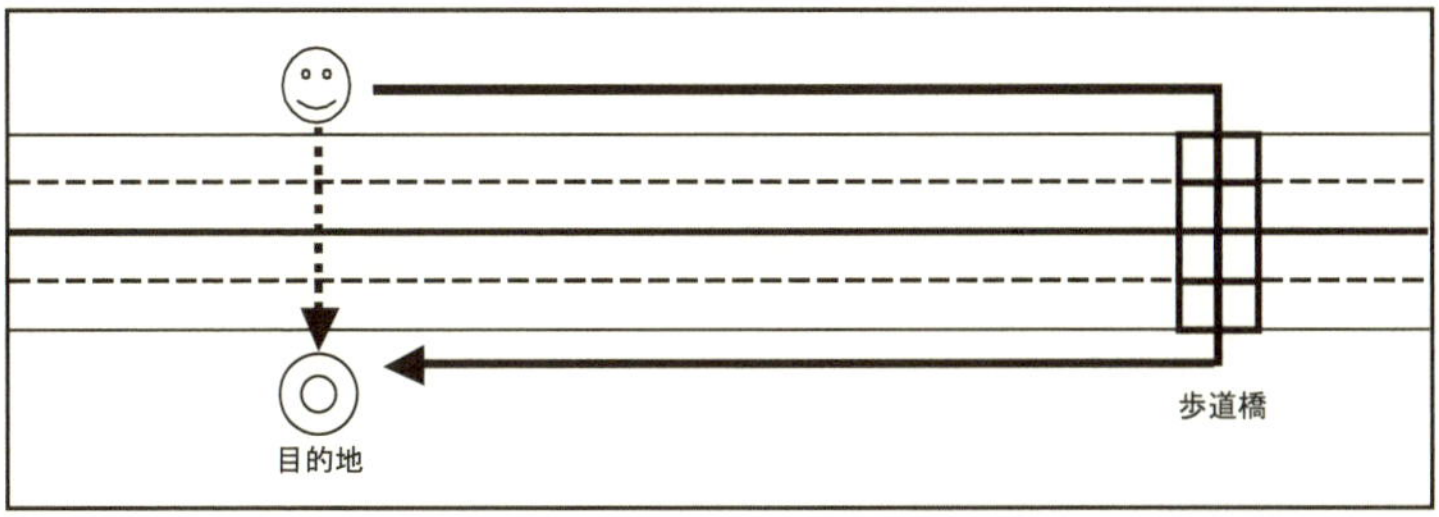

この3つです。

上の図をみてください。

☺は投資する人を表し、◎は目的地、たとえば食事が無料で食べられるところとします。

広い道路の向かい側に目的地はありますが、絶対安全に渡れる歩道橋は遠く離れたところにあります。目の前の目的地に行くのに、歩道橋を使えば時間がかかりますが、１００％交通事故には遭わないでしょう。

でも見渡すかぎり車は来ていません。今、車道を横断すれば事故に遭う確率はかぎりなくゼロに近い状況です。

ここで車道を横断するのか、それとも遠回りして歩道橋を使うのか、皆さんはどう判断しますか。

もし、歩道橋を利用しても、それほど時間がかからない距離であれば敢えて横断することもないでしょう。でも車道をまっすぐ横断すれば、時間が5分の1になるとしたら、どうでしょう。

車が来ていないのなら、車道をまっすぐ横切るのを選ぶのが合理的ではないでしょうか。
この判断を下すとき、私たちは自然に次のような比較をしているのだと思います。

時間短縮のメリット＜横断のリスク　↓　歩道橋を利用する
時間短縮のメリット＞横断のリスク　↓　道路を横断する

この考えを投資に当てはめてみれば良いのです。

「どのくらいの間なら車が来ないのか」

というのは不動産投資で言えば、その収益物件の家賃収入は今後どのくらいの期間、維持できるのか、また家賃相場が下がったり、空室になったりする可能性は何パーセントくらいあるのかに当たります。不動産投資に限らず、将来の予測は、短い期間での予測ほど現実とのブレは小さく、長くなればなるほど予測と、その結果の差は大きくなる傾向があります。
1時間後の天気、明日の天気、来週の天気と期間が延びるとはずれる確率も大きくなっていくのと同じ理屈なのです。予測の精度が急激に悪化しない期間はどのくらいなのかを考えること、つまり、平穏無事に収入が得られる期間を予想することが大切なのです。

「横断するにはどのくらいの時間がかかるのか」

将来予測が一定の範囲内のブレで収まる期間が分かれば、その期間内は「平穏無事に収入が得られる期間」です。

つまり車がこない時間がわかり（精度の高い将来予測の期間を知り）、車がこない時間内に車道を横断できることがわかれば（その期間内に投資資金が回収できるのなら）、損失を被るというリスクは小さく抑えられます。これでリスクは最小限に抑え込めることになるのです。

実際の投資では資金を回収できる時間が短ければ短いほど、将来予測の期間も短くなり、予測範囲外のトラブル発生率も小さくできます。

しかし、長期投資ほど安定的だという考え方もありますし、株式投資なども長期保有が基本と言われています。この点について私の考えとは異なっているようです。

私は長期になるほど将来予測には不確実性が増大するとしか思えません。車道を横断するときは「車が来ない間にすばやく渡り切ってしまうこと」が事故に遭わない秘訣ではないでしょうか。

「短縮できる時間はどのくらいなのか」

この例では歩道橋を渡っても、車道を横断しても、得られる食事は同じです。人生が無限に続くのなら、時間を消耗しようが節約しようが、それは好みの問題でしょう。でも時間が有限な場合、同じ成果を短い時間で得ることに価値があるのではないでしょうか。サラリーマンのランチタイムで、会社から歩道橋を渡ってレストランで食事をして帰ってくるとちょうど休憩時間がギリギリでも、車道を横断して行けば、食事のあと近くの本屋さんで立ち読みする時間ができるでしょう。

これがランチタイムではなく、人生としたらどうでしょうか。将来も飢えることなく過ごせる資産状態まで、サラリーマンなら定年、またさらに延長までしてやっとたどり着くのか、それとも定年を待たずに到達し、その後ゆとりのある人生を満喫するのとどちらが良いでしょうか。私は後者を選びたいのです。

しかし、やみくもに車道を横断することを薦めているのではありません。なぜなら、危険一杯の車道を横断しようとすれば事故に遭う確率が高くなるからです。

私は自分自身で詳細に調査した結果、リスクと思われていることが実はリスクではないと判断されたときに、はじめて投資を行います。それでもすべてが予想どおりにはなりません。でも、そのブレが予測の範囲内、想定内であればそのリスクは自分でコントロールすることができ、怖れることはないのです。

つまり、私の考える**投資の基本はリスク分析**です。

そのために、リスクを次の３つの要素に分解して考えていくことになります。

- **収益の確実性**
- **投資資金の回収期間**
- **期待する利益を実現するために必要な時間**

この**投資リスクの3要素**をもとに評価しています。

借金と投資の関係

さて、この話は借金とどう関連するのでしょうか。

収益の確実性とは、この例でいえば必ず食事ができることを指します。目的地にたどりついても、何らかの理由で食事がなかったり、あっても半分しか食べられないのであれば、危険を冒してショートカットしても、あまり意味がなくなってしまいます。

本当に食事（利益）が得られるのかどうかを、見極めることが必要なのです。

投資資金の回収期間とは、そこに行けば食事（利益）を得られるとしても、その目的地にたどり着くまでにはある費用がかかります。たとえば、人が歩いて行くとしたら、歩くことによってカロリーを消費するので、消費したカロリー以上のエネルギーを摂取できるまでの時間、これが投資資金の回収期間ということになります。

消費するカロリー＝投資金額とすれば、利益を得ないまでも、投資元本を回収できるまでの期間がポイントなのです。

そして借金は、3要素の中で「期待する利益を実現するために必要な時間」に関連します。

たとえば、目的地につき利益を実現するまでの時間で考えてみましょう。

遠回りしてかかる時間に対して、横断すると時間が5分の1になるという前提で、目的地に着くと食事（100万円相当の利益）を得ることができるとします。

遠回りをすると100万円の利益を得るために10年間必要とすれば、横断すれば2年間で済むことになりますね。

具体的な投資に当てはめると次のようになります。

たとえば500万円の貯金を持っているとします。このお金を年2％の利益を得られるもの、たとえば国債などで運用したとしましょう。この場合、1年で10万円を得ることができるので、

10年間で１００万円の利益になります。

これが現金のみの投資、遠回りをした場合です。

車道を横断する場合にあてはまるのは、たとえばこの５００万円に加え、４５００万円の借金をして、５０００万円の投資をするような例です。そうすると、この投資から１年間で50万円の利益を得ることができる場合があるのです。

元手は同じ５００万円なのに、１００万円の収益をあげるために、２年と10年の差がついてしまうのはどうしてでしょう。

これこそが、借金の持つ力、**金持ちになるための借金パワーの力なのです。**

◉近くに行くだけなら自己資金投資でＯＫ

とはいえ、本書は車道に車がいないからといって、歩道橋を使うなと言っているわけではありません。

歩道橋を渡っていっても収益は手に入れることができます。

その差は必要な時間だけなのです。すでに十分な利益を得ることができている場合や、多くを望まないのであれば、リスクが少なくても車道を横断する必要はありません。

つまり、自己資本だけで投資をして、一定のリスクをとり複利の力で資産を増やしていく方法もあるわけです。どこに目標を置くのか、人生にとってお金の占めるポジションをどこに置くのか、これは価値観の問題ですから、それぞれの考え方に従って選ぶのがいちばんいいと思います。

私自身、借金残高5億円というのは理論的には大丈夫だと思いながらも、「不安は微塵《みじん》もないのか」と問われれば「不安はある」と答えざるを得ません。

論理的に正しいと思っているのに、借金を使った投資には一抹の不安がついてまわります。

これが私の実感です。

それがつまり、「リスクを取る」ということなのかもしれません。

第５章　借金パワーを使うための基礎知識

借金には資産を増やすパワーがあります。

しかし、その力はコントロールしながら使わなければ、良く効く薬でも処方を間違えると毒となってしまうのと同様、まったく反対に作用する危険性があります。

借金パワーをうまく引き出すために、その仕組みを理解していきましょう。

レバレッジとは何か

レバレッジというのは日常生活では聞きなれない言葉ですが、投資の世界ではよく耳にする言葉です。

レバレッジ（Leverage）とは直訳すれば梃子《てこ》の意味ですが、投資では自己資本だけではなく、**他人資本を利用して投資をする**ことを言います。単純に言えば、**借金を利用して投資をする**ということです。

このレバレッジを利用した投資としては、

・株式信用取引
・FX（外国為替保証金取引）
・商品先物取引
・借入金を利用した不動産取引

などがあります。

もちろん、企業活動において、事業資金の一部を借入金で賄うことも、レバレッジを利用していることになります。

では、レバレッジを利用することで、具体的には借金をして投資をすると、どんな効果が得られるでしょう。

株式信用取引、FX、商品先物取引などでのレバレッジは、保証金、つまり自己資金を担保にして、実際にはその何倍もの規模の取引を行うことになります。

たとえば、倍率10倍のFX取引を行う場合、保証金を10万円預けることによって、その10倍、つまり100万円相当までの外貨を購入することが可能となります。

米ドル１ドルが１００円と仮定すると、10万円の自己資金でそのままドルを買う場合は１００ドルしか買えませんが、10倍のＦＸを利用すれば、10万円の保証金で１００万円分の米ドル、つまり１万ドルを購入することができます。

これがレバレッジを利用するということです。

ＦＸ、レバレッジ……かっこいい呼び名で高度な投資をしているような気分になるものですが、実際は借金をして取引していることを忘れてはいけません。

倍率10倍のＦＸ取引をしているということは、お金の動きで見れば次のようになります。

「自己資金10万円に、借金した90万円を足して、100万円分のドル（1ドル100円なら1万ドル）を購入した」

こう書いてみると、スマートな呼び名に隠れていた実態が見えてきます。

ここで、一般的には「90万円の借金で値動きのあるものを購入するのは怖い」と思うのではないでしょうか。私もそう思いますし、この投資に何らメリットがないのでしたら敢えてやる必要もないでしょう。

では、何故ＦＸ取引が注目を集めるのでしょうか。

それは倍率という名の借金で投資を行うことにより、為替の少しの値動きで大きな収益をあげることができるからです。

たとえば、1ドルが100円から105円になったと仮定しましょう。借金90万円と保証金10万円で購入した1万ドルは、日本円に換算すれば105万円です。このときにドルを売却すれば借金90万円を返しても15万円残ります。保証金として預けたのは10万円でしたから、5万円の利益を得られたのです。

一方、レバレッジをかけないで、つまり手持ちの現金10万円だけでドルを買っていた場合、1ドルが100円から105円になった段階でドルを売却すると、10万円が10万5000円になりますので5000円の利益ということになります。

同じ10万円で、同じ相場の動きで5万円と5000円という利益の差が出てくる、つまり、レバレッジをかけることによって、10倍の利益が得られたことになります。

しかし、もちろん損失が発生する場合もあります。

100円が95円になった場合を考えてみると、1万ドル100万円だったものが95万円になってしまいます。借金90万円を返すと残りは5万円です。保証金10万円が5万円に減ってしまうということです。

レバレッジをかけない場合も損失は出ますが、1000ドル10万円だったものが9万5000円になっただけですから、損失は5000円に限定されます。

ここまで、金額でお話ししましたが、これを率にしたらどうなるでしょう。

3人揃って投資戦隊
リターンジャー
レバレッジ
イールドギャップ
かけ算
ひき算
わり算
ROI

レバレッジをかけてもかけなくても投資金額は10万円です。ドルが100円から105円になる場合と、95円になる場合は、変化率はどちらも5％と同じです。

ところが、レバレッジをかけない場合の利益、損失の額はプラス5％かマイナス5％と変化はありませんが、倍率10倍のレバレッジをかけたときの利益、損失の額は、プラス50％かマイナス50％になります。

つまり、10倍のレバレッジをかけて為替がプラス5％となれば、1回の取引で保証金を1・5倍にすることができるわけです。FXが注目され、巨額の利益をあげる人が出てきても不思議ではありません。

レバレッジというと、成功したときの効果が強調されますが、値動きがランダムと仮定すれば、プラス、マイナスどちらに振れるのかの確率は同一です。

参加者が増えれば、宝くじで当選者がいるように、少数ですが必ず勝ち続ける人も出てきます。

しかし、**これは確率の問題で、すべての人が勝てるということではない**のです。

このように、**レバレッジをかけることで、成果、または損失のどちらも増幅**されます。

本書の借金パワーとはこのレバレッジ（借金）を使った投資の性質を利用していますが、単にレバレッジをかければ良い（借金をして投資をすれば良い）ということではないのは、言うまでもありません。

☺投資と投機はどう違う？

本書では「インプットに対してアウトプットが大きくなる可能性のあるものを購入すること」を投資と呼んでいます。

しかし、単に値動きのあるものを買い、投資した額より大きくなることを期待することも投資と言えるのでしょうか。

丁半博打では、当たれば掛け金が2倍になりますが、これを投資という人はいないでしょう。このような単純にどちらになるかを予測してお金を支払う行為は、「投機」という言葉で表されます。ただ、サイコロの出目を分析して使用されているサイコロの癖を発見し、その結果に基づいて行う場合は投機ではなく、投資になるかもしれません。

このように、投機と投資の境界は曖昧《あいまい》ですが、この2つの区別が借金パワーを使って良いかどうかの基準となります。

たとえば、赤と白、どちらになるかの確率が共に50％の状況で、当たった場合は倍額となるゲームがあったとします。どちらを選ぶかの判断は、勘に頼るしかありません。この場合、還元率は１００％（掛け金はすべて還元される）ですから、競馬、競輪の還元率75％や、宝くじの還元率45％に比べてもはるかに有利になります。

しかし、これはあくまで投機です。借金をしてまでやることではありません。

なぜ借金をしてやってはいけないのでしょうか。

確率が同じということは、勝つ回数も負ける回数も同じということだからです。

もし、赤白のゲームを続けるお金があり、やり続けたとすれば、お金は一時的に増えたり減ったりしても損も得もしない状態に落ち着くでしょう。自己資金でやるのであれば、プラスマイナスゼロということです。

しかし、これを借入金でやった場合、金利部分は持ち出しとなってしまいます。続けることによって確実にお金が出て行くのですから、やる意味はありません。

では**借金パワーを使って投資できるもの**は何でしょうか。

それは次のような条件を満たすものです。

- プラスになる確率とマイナスになる確率のバランスが違っている
- 確率が同じ場合でも、プラスの成果とマイナスの損失額が一致しない
- 金利を支払っても同様な効果が得られる

たとえば、先ほどの赤と白のゲームで赤が出る確率が70％、白が30％である場合や、出る確率は同一だったとしても、赤の場合のみ掛け金に対して１５０％の還元がある場合などで、どちらも支払う金利を差し引いても有利であれば、借金をして赤に賭け続けることが可能なのです。

このような確率が確認できたうえで赤に賭け続けるということは、リスクに対してリターンが大きくなっているため、継続的に投資を行えば必ずインプットよりアウトプットが大きくなります。

この確実性が見つかった時は、投資を自己資金に限定する必要はありません。借金の力を発揮させるときなのです。

借金パワーは、様々な投資の中で、リスクとリターンのバランスが崩れているものに使うことによって、その真価を発揮することができます。

投資のリスクとリターンの関係は？

「投資にはリスクがつきものです」

「多くのリターンを望む場合は、リスクも大きくなります」

「ローリスク・ローリターン、ハイリスク・ハイリターンの原則を理解してください」

値動きのあるものに投資する場合、販売担当者からはこのように説明されるでしょう。また投資する側も多くが「それが常識だ」と納得しているようです。

でも、これが常識だったら、ローリスク・ローリターン、ハイリスク・ハイリターン、どちらの投資も結果は同じです。なぜなら、それは赤と白の確率が50％で還元率100％のくじ引きと同じだからです。

期待できるリターンが大きくなればリスクも比例して大きくなるということは、たとえばこういうことです。

1年間の投資成績平均が年5％と同じ3つの投資ファンドを想定してみましょう。

投資ファンドAタイプ……1年間で5％のリターン見込　下落リスクゼロ
投資ファンドBタイプ……1年間で20％のリターン見込　下落リスクマイナス15％
投資ファンドCタイプ……1年間で55％のリターン見込　下落リスクマイナス50％

このA、B、Cタイプ別のファンドが各100本あり、それぞれのファンドを100人の人が購入したとします。また100本という数量によって確率の示す値と一致すると仮定します。

どういう結果になるのでしょうか。

リターンとリスクに比例関係が存在するとすればＡ、Ｂ、Ｃどのファンドであっても、そのファンドを購入した１００人の集団のリターン総額はイコールとなるはずです。

Ａを購入した人の中で損をする人はいませんが、すべての人がリターン５％に限定されています。一方、Ｃを購入した集団は55％のリターンを得る人もいますが、マイナス50％の損失を受ける人も同じ確率で発生します。そのため、Ａの集団、Ｃの集団のリターンと損失を合計するとリターン総額はイコールとなります。

つまり、リスクとリターンに比例関係が存在しているとすれば、「どんな選択をしても確率の示す値まで投資を繰り返せば結果は同じ」になるということです。

ですから、このような場合に、もし私がローリスクの投資がいいのか、リスクをとってリターンを目指したらよいのかと相談されたら「その日の気分で決めたらどうですか」と答えるしかありません。

ただし、この答えには「相談者が無尽蔵のお金を持っていて平均リターンまで投資ができるときにかぎって」という限定がつきます。それ以外の方で、自分の運に１００％自信を持っていないのなら、「ローリスクの投資が良いのではないですか」という答えになります。

なぜなら、投資には下落のインパクトという落とし穴が存在しているからです。

下落のインパクト——ハイリターン投資に潜む罠

もし、「リスクとリターンに比例関係が存在していればどんな選択をしても結果は同じ」なのであれば、ハイリターン投資をしても何ら問題はないようにも思えるでしょう。

しかし、どんな選択をしても結果が同じになるのは、投資結果が確率の理論値と同じになる十分な回数を重ねた状態で「同じになる」のです。数回の結果だけで理論値と一致することにはならないのです。

Cファンドを購入した100人の集団（前提として確率の理論値と一致）の中では、55％のリターンを得た人もいればマイナス50％の損失を被った人もいます。

中間のリターンや損失がなく、プラス55％かマイナス50％かのどちらかに分かれるとすれば50人がプラス55％、残りの50人がマイナス50％になります。

グループとしてA〜Cのリターン総額が一緒でも、個の損失額は違ってくるということです。

このCの集団でマイナス50％の損失を被ったYさんが、その後同じ投資をあと99回繰り返せば確率の理論値と一緒になりますので、結果は一緒になるでしょう。

しかし、ここで問題があります。

Yさんが投資できるお金が100万円あり、そのすべてを使ってこの投資を行ったとします。

結果としてYさんはマイナス50％の損失を受け、手持ちの投資資金は50万円になってしまいました。

つまり、次の投資をするときには、投資資金は50万円に減ってしまっているということです。元金100万円まで戻すためには、この50万円全額を投じて2分の1の確率に勝利したとしても、77・5万円にしかならずに100万円には届きません。

この77・5万円をもう一度投資して、連続して勝利することができれば、120・12万円（元金＋α）をようやく手にすることができますが、それには1／2×1／2＝1／4の確率という関門を通り抜けなければならないのです。

これを**下落のインパクト**と言います。

資金力が限られた中で損失を最初に受けると、リカバリーできる確率は小さくなってしまうということです。

つまりハイリスク・ハイリターン投資で結果が理論どおりになるためには、確率の理論値と同じになるまで投資ができるだけの豊富な資金が必要になるということですが、このようなことができる人は限られているでしょう。

もしあなたが、世の中の常識どおりリターンとリスクに比例関係が存在すると考えていて、投資のための手持ち資金は限定されていて、さらに「自分は特別な幸運の持ち主ではない」と思えるのなら、ハイリスク・ハイリターン投資をするべきではないでしょう。

ローリスク・ミドルリターンの投資

資産を増やすことのできる効率の良い投資には、リターンとリスクの関係が重要です。

この関係に着目し、そのバランスが崩れているものを探すこと、リスクに対してリターンが大きいと判断される投資をすることが、お金を増やすためのポイントになります。

ただしリスクを限定した場合、リターンが極端に良い投資というものは、そう簡単に見つかりません。しかし、リスク限定でミドルリターンが望める投資であれば、見つかる確率も増えてくるはずです。

ローリスク・ミドルリターンの投資を見つけることができたなら、自己資金だけでも一定の成果を得ることができます。

しかし、リターンはあくまでミドルリターンですから、資産の増え方も各駅停車から準急列車に乗り換えたくらいのものです。

借金パワーを使った投資では、この「ローリスク・ミドルリターン」の投資に着目します。

なぜなら、リスクを限定される投資であれば、借金でレバレッジ効果を使ったとしても、損失を限定することができるからです。

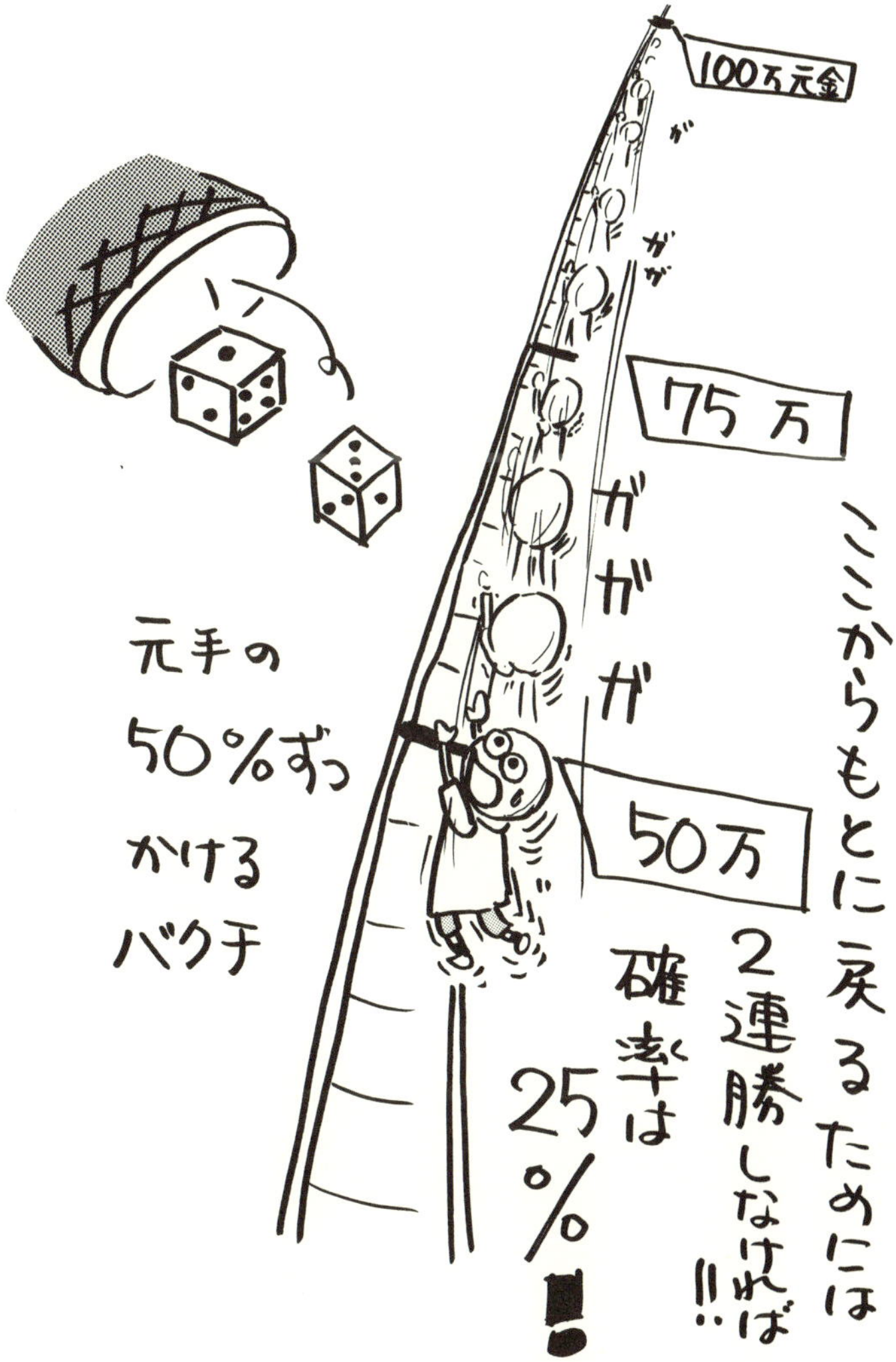
100万元金
がが
75万
ががが
50万
ここからもとに戻るためには
2連勝しなければ!!
確率は25%!
元手の50%ずつかけるバクチ

損失を限定しながら、リターンについてはミドルリターンを確実に得る。そうすればプラスのレバレッジ効果でハイリターンにすることが可能になります。

つまり、ローリスク・ミドルリターンの投資という準急列車を選び、借金パワーを使って準急を特急に切り替える、というところでしょうか。投資の特急列車に乗るチケットを借金で購入するようなイメージです。

😐イールドギャップとは何か

特急列車に乗るためのチケットは借金で買うことができます。

ではそのチケット代はいくらになるのでしょう。特急料金＝借金総額でしょうか。

そうではなく、借金そのものは、あくまで普通乗車券を買うお金で、目指す目的地までの距離によって決まります。特急料金として支払うもの、それは借り入れに伴う金利部分に相当します。

本当の列車であれば、距離が長くなればなるほど特急料金は高くなります。しかし、借金は借入額が大きくなっても金利が比例して大きくなることはありません。むしろ状況により金利が小さくなることさえあります。

そこで本当に問題となるのは、その特急料金の金額（金利）ではなく、特急料金を支払うことによって、どのくらい速く進むことができるか、つまり、レバレッジ効果はどのくらい期待できるのか、なのです。

そのひとつの指標として**イールドギャップ**があります。

イールドギャップとは本来、投資利回りと長期金利との差を示しますが、実際の投資にあたっては、**自分が借り入れる資金の金利とその借入金による投資対象との利回りの差**と考えれば良いでしょう。

たとえば、８％の利回りが見込める投資対象に金利３％の借入金を使って投資した場合、イールドギャップは８％－３％で５％になります。投資対象が予定通りに８％の利回りになれば、１年間で５％のプラスになるということです。

もしこの投資が１０００万であり、すべて借入金で賄ったとしたら、80万円の利益から、30万円の金利を支払った残りの50万円が投資の成果ということになります。

もちろん、実際にこのような投資対象があるといっている訳ではありません。借入金を利用して、期待どおりの収益をあげることができたと仮定しての話です。

この収益を実現させるには、リスクをとる必要があり、もし利回りがゼロであれば金利分30万円は持ち出しとなりますし、利回りがマイナスならば金利と投資の損失分を負担することになります。

とはいえ、このイールドギャップこそが借金を使った投資の利益の源泉です。借金パワーはイールドギャップによってもたらされるのです。

ROIに注目して資産運用する

しかし、投資資金のすべてを借入金で調達することは例外的です。一般には投資に際しては、自分のお金を投入することが必要になります。例えば、FXや株式投資の信用取引においても証拠金が必要となりますし、不動産投資も、借入金と一定割合の自己資金を合わせて物件を購入することになります。

不動産投資においては、「フルローン」と言って、すべてを借入金で行う場合がまれにありますが、その借入れに対しては個人保証をつけるのが通例です。

つまり自分の収入を担保に差し出すことになりますので、お金は出さなくても結局は一定の資産を提供していることと同じになります。

このように、借金パワーを生かした投資でも、一定額の自己資金の拠出や、それに相当する個人保証が不可欠です。

この自己資金を基準として、どのくらいの割合で資産が増えるのかを表す指標を、ROI（Return On Investment）と言います。

がんばれ
ROI？イールドギャップ？レバレッジ？
おぼえてー！

ＲＯＩとは、自己資本（自己資金）に対して、リターンの比率はどのくらいなのかをパーセンテージで表したものです。この数値が高ければ、自己資金はより大きく増えますし、回収の期間も短くなります。

たとえば、自己資金２００万円に金利３％での借入金８００万円をあわせて総額１０００万円の投資を行ったとします。

この投資の結果が年間15％の収益を生んだ場合、つまり前項で説明したイールドギャップが12％（投資利回り15％－３％）の場合、１年後の資産は

１０００万円＋収益１５０万円－金利24万円（８００万円×３％）＝１１２６万円

となります。１２６万円（１１２６万円－１０００万円）が増えたということです。

このとき、どのくらいの割合で資産が増えたかを考えると、投資総額全体に対する割合では

１２６万円÷１０００万円＝０・１２６

となりますので12・６％増加したことになります。

借入金８００万円はそのままで変化がなく、借入金８００万円に対する金利24万円は投資収益から支払ったと仮定します。このときの正味の収益は、全額自己資金であれば１５０万円ですが、この例では金利24万円を差し引いた１２６万円となるのです。

この１２６万円を得るために必要となった自己資金は２００万円ですので、この２００万円の増加率を計算すると、

１２６万円÷２００万円＝０・６３

となり、63％の増加率となります。

このように、投資全体の利回りは12・６％でも、自己資金に対する利回り、つまりＲＯＩは63％という結果になりました。

もし、この状況が６年間続いたらどうなるのかをまとめたのが**表3**です。

投資した自己資金２００万円は２年以内で全額回収でき、４年を待たずに倍増します。さらに６年後の累計が７５６万円ですから、借入金８００万円との差44万円を負担すれば、１０００万円の投資をすべて自己資金に切り替えることも可能になります。

この投資を借入金ではなく、すべて自己資金で行った場合が**表4**となります。

金利を支払う必要がないため、正味収益は多くなります。しかし、自己資金の増加率は全体の利回りとイコールですから、借入金を利用した場合の爆発的な増加に比べておとなしい値となります。両方の投資を比べると、6年後には、次のような結果となります。

借入金80%の場合、　２００万円↓７５６万円　プラス５５６万円で３・７８倍
自己資金１００%の場合、１０００万円↓１９００万円　プラス９００万円で１・９倍

２つの場合の倍率の差は、なんと１・８８倍です。

このように、借金を利用した投資がその予測どおりに運用できれば、資金を大きく増やせることになります。その可能性を示す数値がＲＯＩなのです。

投資全体の利回りも大事ですが、それだけではなく、ＲＯＩの値を重視することが資産を増やす鍵となります。

表３　自己資金200万、借入金800万（金利３％）で投資した場合

	年間収益	金利支払	正味収益	累計	自己資金増加率
１年後	150万円	24万円	126万円	126万円	63％
２年後	150万円	24万円	126万円	252万円	126％
３年後	150万円	24万円	126万円	378万円	189％
４年後	150万円	24万円	126万円	504万円	252％
５年後	150万円	24万円	126万円	630万円	315％
６年後	150万円	24万円	126万円	756万円	378％

表４　自己資金1000万、借入金なしで投資した場合

	年間収益	金利支払	正味収益	累計	自己資金増加率
１年後	150万円	0	150万円	150万円	15％
２年後	150万円	0	150万円	300万円	30％
３年後	150万円	0	150万円	450万円	45％
４年後	150万円	0	150万円	600万円	60％
５年後	150万円	0	150万円	750万円	75％
６年後	150万円	0	150万円	900万円	90％

＊いずれも年間利回りは15％と仮定

第6章
金持ちになる借金投資のポイント①
リスクと向き合う

イールドギャップが確保でき、高いＲＯＩが期待できる投資、そういうものがあれば、誰でも簡単に資産を増やすことができるでしょう。

しかし、世の中にはそう簡単においしい話があるとも思えません。

むしろ、借金を使った投資で大損をしてしまったという話を聞くほうが多いのではないでしょうか。

そして、多くの人が「借金までして投資をするのはとても危険だ」と考えるようになるのでしょう。

確かに借金を使った投資は、収益が発生しているときは良いのですが、ひとたび損失が発生するとそれを負担しなければなりません。そのために「大損してしまった」という場合も起こることになってしまいます。

しかし、借金を使った投資がうまくいけば、自己資金だけの投資では考えられないスピードで資産を増やすことができますし、このスピードを生かすことができなければ資産を増やす特急列車に乗ることはできません。

ではどうしたら良いのでしょうか。

借金を使った投資は収益が得られるときの投資効率は非常に良いのですから、失敗しないために、損失が発生する可能性と、その大きさを見極めればいいのではないでしょうか。

つまり借金パワーを使って投資をするためには、期待される収益に加え、発生の予想されるリスクの確率と大きさに注意を払い、そのリスクをコントロールする力が必要になります。

そして**リスクさえコントロールできれば、可能性が開けてくる**のです。

リスク分析とコントロール

「投資にはリスクがつきものだ」

とよく言われますが、リスクが存在していることを知っているのなら、そのリスクとは具体的にどういうものなのかを見極めることができるはずです。

道路を渡るとき、車、バイクは来ないのか、道路に穴は空いていないか、雨、雪などで滑りやすくなっていないかなどに注意する人と、何も見ずに飛び出してしまう人では、事故に遭う確率が違ってきます。

つまり、同じリスクが存在しているとしても、そのリスクへの対応の仕方によって、リスクの大きさは違ってくるということです。

投資の世界でも同じことです。

リスクはその対応方法によって大きさが変わってくるのです。

もしそうであれば、ハイリスク・ハイリターンといわれている投資でも、リスクを知り、適切な対応策を講ずれば、ハイリターンはそのままに、ハイリスクをミドルリターン、ローリターンへと変化させることも可能なのではないでしょうか。

つまり、リスクの本質を見抜き、そのリスクをコントロールすることができれば、資産を増やすことができるのです。

投資リスクとは何か

では、投資リスクとは何でしょうか。

簡単に言えば、**「期待どおりの収益を生まないこと」**ということになります。

そういった事態を避けるために、私は投資を行う際には、第４章でも述べたとおり、以下の３つの要素に基づいて投資リスクを検討します。

投資リスクの3要素
・収益の確実性
・投資資金の回収期間
・期待する利益を実現するために必要な時間

これらの要素を第4章で歩道橋と道路横断のイメージでお話ししました。

実際にリスクを検討するときは、もっと具体的に数値化して把握すると、投資リスクの実態を客観的に理解することができます。

そのためには、これらのリスクを測るための尺度を決める必要があります。

私がリスクを測るときに基準とする尺度は、

・発現率……どのくらいの割合で発生するのか
・変化率……投資金額に対する増減率
・時間………投資して、成果もしくは損失が確定するまでの時間

この3つです。これを物差しにしてリスクの大きさを比べることが合理的だと判断されます。

そして、実際の投資を考える場合は、投資金額の大きさと投資家が負担できるリスクは個々に違ってくることや、分散投資でのリスク低減も視野に入れる必要があります。

そこで、**投資に必要な金額の最低単位**を加味することによってリスクコントロールの可能性を探ります。

では、投資リスクの3要素を具体的に評価するために、判断の規準となる物差しを決めていきましょう。

「収益の確実性」「期待する利益を実現するために必要な時間」については、

①投資金額の変化率
②リスクの発現率
③投資金額の変化率とリスクの発現率の関係

といった項目におきかえて検証します。また、「投資資金の回収期間」は、

④投資リスク低減のために必要な時間

として判断しやすくしていきます。そして最後に、

⑤投資に必要な金額の最低単位

を加味することによってリスクコントロールの可能性を探るのです。

こうやってリスクの3つの要素を5つの物差しによって評価していくと、リスクの実態がより鮮明になってきます。これを投資リスクを評価する5つの物差しとします。

それでは要素別に説明していくことにしましょう。

投資リスクを評価する5つの物差し

第1の物差し　投資金額に対する変化率

リスクという言葉から想像されるイメージは個人によって違います。交通事故でも、車だけ壊れるリスク、軽症を負うリスク、命にかかわる大怪我をするリスクなど様々です。

そのため、リスクが発現したときの大きさを測る物差しが大切なのです。

投資においてはまず、投資金額に対してリスクが発現した場合に被る損失の大きさ（変化

ここからがぜんぶ私のもうけです
このへんは私のもの
回収完了
BANK BANK
返済カゴ
BANK

率）を基準とすることが必要です。

たとえば１０００万を投資した場合、最大損失が１００万円（マイナス10％）の場合と５００万円（マイナス50％）の場合では、同じ損失でもリスクの大きさが違ってきます。

１００万円の損失を出したときに「しばらくは倹約して我慢するか」で済む人も、５００万円だと「損失を穴埋めするために借金をしなければならない」こともあるでしょう。

資産を増やすのが目的なのに、新たに収益を生まない借金をしなければならないとしたら、本末転倒になってしまいます。

投資をするときには、「これが□□になったら○○の儲け」という考えが先行しがちですが、予想に反して損失が出たときの大きさと、自分が負担できる限度を慎重に比較検討することが必要です。

これを投資金額で考えると、負担できる限度額が一定の場合、変動幅の大きい場合に投資できる金額は少なくなりますし、逆に変動幅が小さい投資であれば投資金額は大きくできることになります。

第2の物差し　リスクの発現率

リスクが発現した場合の変動幅を推測することができたとして、次に問題となるのは、そのリスクが生じる確率です。

変化率がプラス50%～マイナス50%の投資である場合、この投資のリスクを評価するにはマイナスになる可能性がどれくらいあるかが問題となります。

たとえば変化率が同じ2つの投資があったとして、それぞれマイナスになる確率が違えば、投資リスクの大きさは違ってくるということです。

第3の物差し　損失の大きさとリスクの発現率の関係

変化率がマイナスになる確率がわかったとしても、この確率だけで損害額は測れません。当たり前ですが、リスクの発現率が同じでも、マイナス10%とマイナス50%では損害額は大きく違ってきます。同時に、マイナス10%になる確率とマイナス50%になる確率も違っているはずです。

一般的にはマイナス10%になる確率よりマイナス50%になる確率のほうが少なくなりますが、マイナス幅が拡大することによってリスクの発現率が減少する割合は、個々の投資によって違ってきます。

リスクが小さくなっても、実際に起こってしまえば損害額の大きさには変わりはありませんが、損害額の大きさとリスク変化の相関関係の違いによって投資の優劣は変わってきます。

第4の物差し　投資リスク低減のために必要な時間

このように、投資によって得られるリターンとロスの変化率、そしてその発現率を考えることによって投資リスクの実態は推理しやすくなります。

しかし、当然のことながら、この判断は現在の社会や経済の情勢をもとに行います。

社会情勢は刻々と変化しますので、リスク判断をしたその瞬間から、その判断の元となった情報は古くなっていくのです。

２００７年に表面化したサブプライム問題の一因は、「住宅価格は下がらない。従って、信用力の低い人向けに高金利の住宅ローンを組んでも大丈夫だ」という認識の元に融資が行われ、さらにそのローンが優良な債権として販売されたことにありますが、格付会社は当時の認識としては「正しく」判断したものなのでしょう。

ただし、その判断の根拠はその判断を下した時点での状況や情報であり、将来を保証するものではなかったのは、その後の惨状を見れば明らかです。

このように、投資のリターンまたはロスが確定するまでの期間が長い場合、たとえリスク判断を下した時点での投資判断が最善のものであっても、短期に結果が出るものに比べて予測のブレが大きくなります。

投資を行ってから結果が判明するまでの時間によって、リスクもまた変化していくからです。そのため、投資をしている間は常にリスクを背負っており、投資期間が延びるほどリスクは増大する傾向があるとも考えることができます。

しかし、私の考え方は少し違っています。

確かに投資をしている間に、その投資額は変化します。増える場合もあり、減る場合もあるでしょう。

ですから、投資をしている間は常にリスクを背負っていると言えるかもしれません。

しかし、投資を始めた当初の数年間で投資した資金分をすべて回収できたらどうでしょうか。投資金額をすべてリターンで回収できれば、たとえばあるファンドに投資し、そのファンドが年間20％の配当を出したとしたら、５年間でファンドに投資した資金はすべて回収したことになります。

つまり、５年経過時点でこの投資のリスクはゼロになるということです。

そのあと、このファンドが破産したとしても、損失は発生しないということになります。

この損失が発生しなくなる期間、つまり投資金額の回収期間が、つまりはリスクがゼロになるまでに必要な時間です。そしてこの時間が短いほどリスクは小さくなるのです。

第5の物差し　投資に必要な金額の最低単位

投資には最低限必要な資金金額があります。

個人の資金力には限度がありますから、この単位が大きい場合、投資できる頻度は少なくなります。

さらに、限られた投資に資金を集中してその投資が失敗に終わった場合、下落のインパクトを被ることになってしまいます。

そのリスクを回避するためには、自己資金の投資単位は小さいほうが有利となります。

ここで注意したいのは、「自己資金の投資単位は小さいほうが良いが投資総額の大きさとは関連性がない」ということです。

借金パワー投資では、リスクをコントロール下におくという条件のもと、自己資金の投資単位は最小を目指し、投資総額は最大を目指すのです。

リスクの5つの物差しのイメージトレーニング――3匹のこぶた

このように投資リスクを5つの物差しに分けて考えると、実態が見えてきます。

実態が見えれば、そのリスクをコントロールできるかどうかがわかり、投資判断ができるようになるのです。

ローンのおわった物件
よく頑張ったね あとはもうけだよ
きゅっ きゅっ
と、かけて
停年を迎えた夫婦
ごくろうさまっ
と、とく
そのココロは
利益確定
評価額□000万!
退職金いくら

イメージトレーニングをしてみましょう。

イソップ童話「3匹のこぶた」のお話は誰でも知っていますね。

こぶたの3兄弟、長男はわらの家、次男は木の家、三男はレンガの家を建てましたが、オオカミがやってきてわらの家、木の家は吹き飛ばしてしまいます。しかし、レンガの家だけは壊すことができず、煙突から侵入したオオカミは逆に大釜でゆでられてしまいます。そして、3匹のこぶたは幸せに暮らしましたとさ、めでたしめでたし、というお話でしたよね。

このお話の本来の教訓は、「怠けずに一生懸命努力することによって、安定した生活を送ることができます」といったところでしょう。

しかし、この話を投資として考えると違った結論になるかもしれません。

投資金額は？

この話で投資されたものといったら何になるでしょうか。

こぶたたちは、お金を払って家を建てたわけではありませんが、各々独力で自宅を建てています。つまり、自宅を手に入れるために自分の労働を投資したとも考えられます。

物語によると、早く完成した順番はわら↓木↓レンガなので、これを家を造るための費用として考えてみましょう。仮に、次のように設定してみます。

わら　10
木　20
レンガ　50

これが3兄弟の投資金額です。

投資の上限額は？

三男がレンガの家を建てるのが一番時間がかかった（費用がかかった）わけですが、長男、次男もレンガの家を建てようと思えば建てられたと考えられるので、投資金額として50までは それぞれ資金を持っているものと仮定します。

投資リターンは？

投資のリターンは家に住むことです。

この場合、わらの家もレンガの家も、住居としては同じ価値（リターン）を得られると考えます。

投資総額（家を造る費用）は小さい順にわら→木→レンガとなりますが、住居としての価値（リターン）は変わりません。

住居としての価値を1年間住むことができた場合に10のリターンとすると、家を造る費用がわら10、木20、レンガ50とすれば、投資利回りは年間でわら１００％、木50％、レンガ20％となります。

投資リスクは？

オオカミの出現により、わらの家、木の家は吹き飛ばされてしまいます。

つまり、リスクの発現によってロスが発生することを指します。この場合のロスは家自体を吹き飛ばされる損害に加えて、自身が食べられてしまう可能性もありますが、この話においては三男の家に避難できるという条件がついています。

もし、この条件が成立しない場合、つまりレンガの家を誰も建てなかったら全員が食べられてしまいます。これは私の曲解かもしれませんが、レンガの家に避難できるということは、投資に失敗しても最低限の生活は維持されると考えることができるでしょう。

オオカミはレンガの家を壊すことができません。

しかしレンガの家には進入路として煙突があり、これがリスクが発生する唯一の可能性です。

ただし、暖炉に大釜をおき、お湯をわかすことでリスクを避けることができます。
では、これを投資リスクの５つの物差しで分解してみましょう。

第1の物差し　投資金額に対する変化率

１年間の投資に対するリターンはすべて10となりますが、オオカミと遭遇した場合、わら、木の家の投資金額はすべて没収されてしまいます。つまり次のように規定することができます。

わらの家　10を投資して　10のリターンもしくはゼロ
木の家　20を投資して　10のリターンもしくはゼロ
レンガの家　１００を投資して　20のリターン

これをリターンの変化率に直すと、次のようになります。

わらの家　プラス１００％〜マイナス１００％
木の家　プラス50％〜マイナス１００％
レンガの家　プラス20％のみ

第2の物差し　リスクの発現率

物語では必ずオオカミが出現します。

しかし、実際にオオカミと遭遇する確率が100％だったら、吹き飛ばされるわらや木の家を造ることは合理的ではありません。長男や次男が手を抜いて家を建てたのも、オオカミは必ず来るものではないとわかっていたからでしょう。

そこで仮に、1年のうちにオオカミに遭遇する確率（リスクの発現率）を20％とします。

第3の物差し　損失の大きさとリスクの発現率の関係

オオカミが出現するとわらと木の家は吹き飛ばされてしまいます。

リスクが発現した場合の損害額は建物に対する投資額ですので、わらは10、木は20、レンガは損害無し（つまり0）になります。

第4の物差し　投資リスク低減のために必要な時間

投資資金をいったん回収できれば、その時点で投資リスクはゼロになります。

わらの家を造る費用は10、木の家は20、レンガが50ですから、投資リスクがゼロになるまで

このところずっとブタを食べてないんだよー
ハズレ
わらハウス
ハズレ
アタリ

の期間は次のようになります。

わらの家　　1年
木の家　　　2年
レンガの家　5年

オオカミの出現確率は1年間で20％ですから、投資回収までの期間に対応させると、次のようになります。

わらの家　　出現確率20％（20％×1年）
木の家　　　出現確率40％（20％×2年）
レンガの家　出現確率100％（20％×5年）

第5の物差し　投資に必要な金額の最低単位

家を建てるのに必要な資金は、最初に規定したとおりです。

わらの家	10
木の家	20
レンガの家	50

つまり、レンガの家1軒分でわらの家5軒を建てることができます。

リスク評価とコントロール

わらの家と比較して木の家は費用が倍のため、リターンの変動幅はわらの家より劣り、オオカミの出現確率も倍となってしまいます。

木に比べればわらのほうが投資としては有利となりますので、わらの家とレンガの家の2つに絞り、どちらが投資としては有利なのかを判定することにします。

投資金額を同じにして考える

レンガの家はオオカミが壊すことはできません。つまり、リターン20%は確定してリスクもないということです。

一方、わらの家はオオカミと遭遇したら吹き飛ばされてしまいます。オオカミと遭遇する確率は年20%なので、5年間の間には必ず家は無くなると考えられます。

家を1軒だけ建てるとしたら、レンガの家を建てることが正しい選択でしょう。

でも、これが物語を離れ、純粋な投資としたらどうでしょうか。

理解しやすいように家を貸家だと考え、年間10の家賃が入ってくると考えてみましょう。

わらの家　　建築費　10　　年間のリターン（家賃）10
レンガの家　建築費　50　　年間のリターン（家賃）10

ここで、投資金額をレンガの家50にあわせることにします。そうすると長男はわらの家が5軒建てられます。

しかし、オオカミの出現確率は20%なので、わらの家は毎年1軒ずつ減っていきます。

これを一覧表にしたのが**表5**です。

5年目までの合計では、わらは100、レンガは50です。

しかし、レンガは6年目以降ずっと10を得ることができるのに対して、わらの家はすべてなくなってしまいますから、長期の収支はレンガのほうが良好に見えます。

でも本当にそうでしょうか。

表5　わらの家は1年に1つ吹き飛ばされる

年度	レンガの家 投資額1軒(50)	わらの家 投資額5軒(50)				
1	10	10	10	10	10	×
2	10	10	10	10	×	×
3	10	10	10	×	×	×
4	10	10	×	×	×	×
5	10	×	×	×	×	×
総計	50	100				

＊レンガの家は6年目以降もずっと10を貰う

表6　リターンを再投資するならわらの家が有利

再投資　投資資金回収

年度		レンガの家 投資額1軒(50)	わらの家 投資額5軒(50)																			
1		10	10	10	10	10	×															
2		10	10	10	10	×	×															
3		10	10	10	×	×	×	10	10	10	10	×										
4		10	10	×	×	×	×	10	10	10	×	×										
5		10	×	×	×	×	×	10	10	×	×	×	10	10	10	10	×					
6	10	10						10	×	×	×	×	10	10	10	×	×					
7	10	10											10	10	×	×	×	10	10	10	10	×
8	10	10											10	×	×	×	×	10	10	10	×	×
9	10	10																10	10	×	×	×
	10	10																10	×	×	×	×

＊わらの家のリターン総計は9年間で390、一方レンガの家のリターン総計は130にとどまる

今度はリターンを再投資することを前提に考えてみましょう。表6を見てください。

わらの家を5軒建てても1軒はオオカミに吹き飛ばされてしまいます。しかし、残りの4軒からはリターンを10ずつもらえ、合計で40もらえます。

2年目、さらに1軒を吹き飛ばされますが、残り3軒からのリターンも10ずつもらえ、1年目と2年目のリターンを合計するとリターンは70です。

わらの家への投資は1軒10ですから、このリターンのうち50で5軒の家を建て、残り20は投資資金の回収として手元に残すことにします。

この方法を繰り返していくと、4年目には投資資金50をすべて回収することができ、なおかつ20余ります。また、9年間のリターンの総計は390になります。

一方、レンガの家は毎年10のリターンがあり、5年目にリターン50となります。これを使ってさらにレンガの家を建てると、毎年のリターンは20ずつとなります。

これも安定した投資と言えますが、9年間のリターン総計はわらの家が390なのに対して130に留まり、その差は期間が延びるほど広がっていくことになります。

㊀リスク評価、リスクコントロールの要は

このように考えると、レンガの家よりわらの家のほうが勝っているという結果になりました。

ただし、これはあくまでこの前提条件が正しければという条件がつきます。

投資リスクの5つの要素のうち、第5の「投資に必要な金額の最低単位」以外はすべて自分でそのパラメーターを設定しなければなりません。この数値が変われば、レンガの家のほうが勝る場合や、どちらも投資としては不適格になることもあります。

個々のパラメーターを正確に設定すること自体は不可能でしょう。

しかし、リスクの要素を分解して、個々の可能性を精査すれば誤差の範囲を小さくすることは可能です。

リスクをできるかぎり小さな要素に分け、要素別に情報収集をし、投資の物差しによって分析、推測を行うことができれば、１００％ではありませんが、投資リスクの実像をつかむことができます。

実像がつかめたら、それに対して、どういう投資方法が最善なのかを考えること、これがリスクをコントロールしてベストな結果を導き出す要となります。

わらとレンガの家の比較でもわかるように、わらの家は再投資しなければレンガの家より良いリターンは得られませんし、レンガの家でも、リターンで作る2軒目をレンガの家にせずにわらの家にすればリターンを増やしていくことができます。

また、この例では投資に必要な単位が「わらの家＝10」「レンガの家＝50」であり、こぶたの兄弟はそれぞれ最初に50を持っているという前提でした。そのため、わらの家を一度に5軒建てることによって、1年目にオオカミが出現しても4軒の家は残ります。

つまり、投資資金はゼロにはならないのです。

しかし、最初に10しか持っていなかったらどうでしょうか。

1年目にオオカミに襲われる確率は5分の1とはいえ、襲われてしまえば手持ちの資金をすべて失うことになってしまい、リスクが発現した場合の損失が甚大です。

これでは投資というより賭けになってしまいます。

そのため、賭けではなく、**投資をするためにはわらの家を複数持つ**こと、ここではわらの家を5軒持つことが大切なのですが、10しか持っていない場合は、残り40を貯めなければなりません。これがすぐに貯められるのであれば良いのですが、それができない場合でも方法があります。それは、**残り4軒は「借金をして建てる」**ということなのです。

実際の投資単位（金額）は様々ですが、投資を考えるときに自己資金のみに限定して考えることが、必ずしもリスクを限定することにはならず、借金によって投資総額を大きくしてリスクを分散できる場合もあるのです。

このように、実際の投資においてもひとつひとつのリスクを分析評価し、総合的に判断することが大切になります。そのためには市場の動きやリスクの発生可能性、またその投資単位と

市場はランダムウォークに動いてて……
なんか、この……数学的仮定をリアルに想像できないんですが。
文系
1/2の確率で
−50%の損失を仮定
いやその前にマイナス20万で
やめるだろう？ふつう、とか

自己資金のバランスなどを見極めることも必要です。

さらにまた、投資を開始したあとも社会情勢は刻々と変化していきますので、時間の経過とともに投資結果の検証と見直しを行っていくことも忘れてはいけません。

第７章　金持ちになる借金投資のポイント②　借金パワーの生かし方

本書は借金による投資を主題としていますが、やみくもに借金をして投資をするようにと勧めているものではありません。

借金の持つプラスのパワーを有効に使う方法についてお話ししているので、そのつもりで読んでくださるようお願いします。

借金パワーで投資の範囲を広げる

自己資金による投資では、投資機会は当然自己資金額に制約されます。

しかし、借金をして投資することで、そのリミットをはずすことができます。

私の不動産投資総額は、すでにサラリーマンでの生涯賃金の数倍を超えていますし、最近の検討案件だと単体でも生涯賃金を超えるほどになっています。

金額が大きければ良いというものではありませんが、制約が少なくなれば投資可能な案件は増えることになります。

また、実際に可能かどうかは別としても、大きなロットで投資を考える姿勢は重要になってきます。

まずは、目の前にある銀行の預金通帳を見たときに、その残高だけを確認して終わりにしないようにしましょう。その銀行がどんな貸付を行っているのか、金利はいくらなのか、ホームページを検索してみましょう。

そうすれば通帳の見方も、投資の仕方も違ってくるはずです。

借金と相性の良い投資を見分ける

もちろん、すべての投資が借金での投資に向いているわけではありません。

一般的に有利だと思われる投資でも、投資をする人の状況によっては、借金での投資には不向きな場合もあります。

第5章において私はこんなふうに書きました。

「借金パワーは、様々な投資の中で、リスクとリターンのバランスが崩れているものに使うことによって、その真価を発揮することができます」

「借金パワーを使った投資では、この「ローリスク・ミドルリターン」の投資に着目します」

リターンが有利な投資としては、ローリスク・ミドルリターンと、ミドルリスク・ハイリターンの投資が考えられます。両者ともリスクよりリターンが大きいため、借金パワーを使った投資の対象として考えるのは間違いではありません。

しかし気をつけなければならないのは、ミドルリスク・ハイリターン投資でミドルリスクが発生してしまった場合です。

借金パワーを使った投資では、ミドルリスクの損失がレバレッジのマイナス効果によってハイリスクの損失に変わってしまうことがあり、損失に対する許容度が少ない場合、大きなダメージを被る可能性があるからです。

計算上は合理性のある投資でも、損失が個人の負担できる範囲を超えてしまい、実際は危険な投資になる場合があるということです。

ですから、借金パワーを使って資産を増やす場合に忘れてはいけないことは、**「負担できる損失にも限度がある」**ということです。

そのため、借金パワーを主題とする本書で特に着目するのは、「ローリスク・ミドルリターン」の投資になります。

ローリスク・ミドルリターンの投資を探す

ローリスクの投資を見つけるためには様々な投資について個々にリスク分析することが必要ですが、投資と名のつくもので、ローリスクでかつミドルリターンのものが簡単に見つけ出せるものでもありません。

しかし、リスク分析によって、その投資対象の持つリスクの特性と投資手法の組み合わせを工夫することで、ローリスクであるという条件に当てはめることは可能です。

投資といえばリターンの大きさに注目が集まりますが、私は最初にリスクの大きさに注目します。

それは、どのくらいのリターンが望めるかについての推理より、どんなリスクがあって、そうなってしまったときのロスはいくらくらいになるのかのほうが判定しやすく、またブレも少ないように思えるからです。

また、リスク低減のための投資手法もいろいろと考案されています。

たとえば、株式投資の世界ではドルコスト平均法やナンピン買いなどは一般的ですし、これらの手法は、常に平均購入価格より下がったら購入することを繰り返せば、平均購入単価だけは間違いなく下げることができます。

だからといって、このような手法を使えば必ずローリスク・ミドルリターン投資となるわけではありません。なぜなら「平均購入単価を下げることができたとしても、株価が上がるかどうかは別問題」だからです。

しかし、リターンが望めるかどうかはわからないけれど、下落リスクは一定レベルまでは抑制できる可能性が高いということがわかれば、借金パワーを使った投資の基礎は整っていると判断されます。

そして、この投資にミドルリターンの可能性があれば「借金パワーに適した投資だ」と考えられるのです。

なぜなら、ローリスク・ミドルリターンであれば、投資金額を大きくすることによってリターン総額を大きくできるからです。

リターンは、自己資金による投資でも他人資本による投資でも変わりありません。

そこで借金パワーが本領を発揮するのです。

イールドギャップとROIでローリスク・ハイリターン投資を目指す

借金パワーの大きさは、自己資金が一定期間にどのくらいの割合で増えるのかで決まってきます。これがROI（前述したように、自己資本（自己資金）に対して、リターンの比率はどのくらいなのかをパーセンテージで表したもの）ですが、これを知るためには簡単な目安があります。

それは次のような計算式で求められます。

ROI＝イールドギャップ÷自己資金比率

たとえば次のような投資の場合、ROIはどうなるでしょうか。

投資総額1000万円で利益は年間70万円（7％）の投資案件があったとします。借入れは金利2％でできるものとします。

自己資金100％の場合　7％÷100％＝7％
自己資金70％の場合　（7％－2％）÷70％＝7・14％
自己資金50％の場合　（7％－2％）÷50％＝10％
自己資金20％の場合　（7％－2％）÷20％＝25％

＊厳密なROIの計算では、借入割合に対して支払金利部分を計算しますが、本書では概略の

理解のためにこれを略し概算としています。

この計算結果を見ると、自己資金の比率が変わることによってROIは大きく変わっていくことがご理解いただけると思います。

借金パワーを使った投資においては、投資対象の本来の投資利回りは大きな問題ではなく（そうはいっても高いほうがベターではありますが）、ROIは自己資金割合によってコントロールが可能だということです。

次のようなことも考慮すべきです。

投資A、Bがあり、投資リスクや、支払金利２％は同じだとします。すると、利回り、投資資金の必要額は次のようになります。

A　利回り７％　　自己資金20％で投資可能

B　利回り10％　　自己資金50％で投資可能

この２つの投資を、ROIを基準として検討すると、次のようになります。

A　自己資金20％でのROI　25％　（7％－2％）÷20％
B　自己資金50％でのROI　16％　（10％－2％）÷50％

つまり、表面上の利回りではAはBより不利な投資に思えても、借金パワーを使って自己資金割合をどこまで減らせるかによって、Aの投資が有利になる可能性があるのです。

また、投資全体の利回りはミドルリターンでも、自己資金に対する利回り、つまりROIが実際の利回りとなるため、この投資のリスクが小さいと予想できれば、借金パワーを使ったローリスク・ハイリターン投資が完成することになります。

このように、借金パワーを使った投資は、投資対象の利回りの制約から抜け出すことができます。そして、極論を言えば、借金100％で投資を行った場合のROIは無限大になるのです。

ROIと複利効果で投資スピードを加速する

このように、借金パワーを使って投資をすることで、ハイリターンを目指すことが可能となります。

しかし、この借金パワーを使った投資も、その利回りの高さに満足して終わってしまうと、

19才
25才
35才
45才
沢さんは複利でふえてるんですか
複利とは雪ダルマ式にふえる事です
私の細胞の数はふえてません

その潜在力をまだ生かしきれていないことになります。

借金パワー投資の本領を発揮するのは、最初の投資に成功したところから始まるのです。

借金パワーとは何でしょうか。

本書の前半では、「各駅停車から特急列車へ乗り換えること」や「迂回せずに道路を横断すること」を例としてお話ししました。これは、借金パワーを使うと資産を大きくするスピードを変えることができるということです。

借金パワーはお金の時間を加速させるタイムマシンなのです。

そして、このタイムマシンは一回だけで使えなくなるものでもなければ、一台だけに限られたものでもありません。

投資機会さえあれば、またそのタイムマシンに乗せる乗員（自己資金）を確保できれば、次々とタイムマシン効果を得ることができるのです。

たとえば利回り7％の投資があるとします。

現在の状況で7％ならば非常に有利な投資ですし、年7％の複利計算なら10年間で約2倍になります。

この投資を自己資金だけでなく、借金パワーを使って行うとどうなるでしょう。自己資金25％、借入れ金利2％、つまりイールドギャップ5％で行うとしたら、ＲＯＩは20％です。

表７　100万円を年７％で10年間複利運用する

	自己資金のみの場合	借金パワーを使い ROI 20%で運用すると
1年後	1,070,000	1,200,000
2年後	1,144,900	1,440,000
3年後	1,225,043	1,728,000
4年後	1,310,796	2,073,600
5年後	1,402,552	2,488,320
6年後	1,500,730	2,985,984
7年後	1,605,781	3,583,181
8年後	1,718,186	4,299,817
9年後	1,838,459	5,159,780
10年後	1,967,151	6,191,736

ROIが20％の投資を10年間複利で行うと、なんと約6・2倍となります。10年で2倍になるのと6・2倍になるのでは、ずいぶんスピードが違うのではないでしょうか。

😐期待した投資成果が得られなかった場合は

借金パワーを使って投資をすることで、ローリスク・ミドルリターンの投資をローリスク・ハイリターンの投資に変えることができます。

しかし、ローリスクとはいっても、もちろんリスクはゼロではありません。期待どおりの成果が得られるとはかぎらないわけです。投資した後で、投資対象の市場価格が投資金額より下落し、評価損を抱えることもあるでしょう。

ですから投資する前に、予期せぬ状況になったときの対処方法を検討しておくことが大切です。

ここでのポイントは、**時間による損失補塡の可能性があるかどうか**です。

たとえば投資対象の中には所有している間に、配当や利子を得ることができるものもありますし、バブル以降の不動産投資はインカムゲイン中心ですから、一定の利回り以上でしたら家賃収入によって投資資金の直接的回収が可能となります。

リスクとは「期待どおりの収益を生まないこと」であり、「投資資金が毀損《きそん》してしまうこと」ですが、これは当初の予定期間を区切って結果がどうなるのかという話です。

ですからその期間内に成果が得られないとき、次善の策として投資期間を延ばすことによって損失分をリカバリーできる可能性も出てくるのです。

そのためには「借入金の支払金利よりも配当や利回りが高い」ことが必要なのですが、言い方を変えると、「支払金利より配当や利回りが高ければ、所有し続けるかぎり、損失は発生することはない」ことになります。

ただし、その間、資金は固定されてしまいますから、投資機会は損失になりますが、その資金の大半が自己資金ではなく借入金なら、資金が固定される部分は、投資総額の自己資金部分のみです。

そのため、すべてを自己資金で投資する場合に比べれば、次の投資を行う余裕があるのです。

借金で信用力をつける

同じ年収のサラリーマンで、多額の住宅ローンを抱えている人と賃貸に住んでいる人がいた場合、銀行はどちらにお金を貸しやすいでしょうか。

世間的には住宅ローンがあっても持ち家を持っている人のほうが信用されますが、銀行の見方はまったく逆です。

これは銀行だけに限ったことではないのですが、お金を貸すかどうかの判断の基本となるのは、「支払能力があるかどうか」です。

これを基準として考えると、年収が同一ならば、自宅を所有していて多額のローンを支払わなければならない人と、必要最低限の家賃だけを払えば良い人を比べれば、賃貸に住んで家賃を払っている人のほうが可処分所得は大きいと考えるのです。

可処分所得が大きい人はお金を借りた場合のローン支払余力は大きくなりますので、お金を貸付しやすいこととなります。

ただし、たとえ住宅ローンを抱えていなくても年収から支払えるローン金額には限度がありますので、際限なくお金を借りることは不可能です。

一定の収入がある人が借りることのできるお金には限度があります。収入によってお金を借りる信用力の上限は固定されてしまうことになるのです。

しかし、借金パワーを生かして投資をしていけば、この常識に縛られないことも可能です。

現在、私の借金総額は5億円ですが、銀行は投資案件によってはさらに貸付が可能として条件を提示してくれます。ひとつの案件について提示された貸付限度額が、サラリーマンの生涯賃金以上であることもあります。

私のサラリーマン収入をベースとして融資限度を決めるとしたら、その10分の1にもならないでしょう。にもかかわらず生涯賃金以上の額を貸してくれると言うのです。

これは、今、銀行が私に貸付条件を提示するとき、私のサラリーマンとしての収入はまったく問題としていないことを意味しています。

銀行が吟味するのは、今まで私が投資してきた収益不動産の収支です。

実際の評価をどうやっているのか私にはわかりませんが、総額6億を超える物件が予定どおり利益を生んでいるのか、債務超過になっていないか、そして今後の見込みはどうなのか、詳細に分析した結果、私にはまだ貸付余力があると判断してくれているのでしょう。

いつでも融資の検討をすると言ってくれます。

これは推測になりますが、銀行も私の投資総額がある線を超えた時点で、投資とは別枠の個人収入を当てにした融資から、純粋な投資として融資を考える段階へと発想を転換していたようです。

そうでなければ一介のサラリーマンに生涯賃金を上回る融資など検討できるはずがありません。

投資家になることの厳しさと可能性

でも、私は時折不安に思うことがあります。

確かに投資案件は予定どおりの収益を生んでいますが、個人の借金として5億円は大きいのではないか、と感じるからです。

それになにより、「いくら6億を超える投資をしてきたからと言っても、その大半は借金によるもの」「自分の資産で築いたものではない」のです。

そして、いつのまにか自分の本能的にわかる金銭感覚から、理解することはできたとしても実感のわかない計算結果、数値としてだけの「お金」を扱う領域へと踏み込んでしまったことへの漠然とした不安が湧いてくるのです。

お金を数値としてしか捉えられなくなったのは、ちょうど借金総額が1億円を超えた頃です。

そのとき、借金をして投資をすることに怖さを感じなくなったのです。

1億円を超える前には、「投資が失敗しても自分のサラリーマンとしての収入で損失を穴埋めすることが可能なのではないか」と考えていました。

しかし、1億を超えると「もし予測不能のことが発生したとしても、サラリーマンとしての収入ではフォローできないだろう」と感じ、純粋に投資そのものの有効性だけで投資判断をしなければならないことを強く覚悟しました。

億
借金の
高みは
やはり
怖かったです

サラリーマン収入での損失補填《ほてん》をあてにするという逃げは許されない世界に踏み込んだのです。

ある意味で、投資家であることの厳しさに正面から向き合うことになったといえます。

借金パワーを使った投資では、自己資金をROIによって効率的に運用し、自己資金を大きくしていくのですが、さらに拡大するためには、経験により投資精度を高め、投資そのものの信用力を向上させることが必要となります。

信用力の向上は資金調達を容易にし、さらに新たな投資ができるのです。

借金によって信用を増し、さらに新たな借金によって信用力を強化する――これが良い循環を生み、資産を加速度的に増やしていくのです。

第8章 金持ちになるための借金実践テクニック

自営業、会社の経営者なら投資のためにお金を借りることは日常茶飯事ですが、サラリーマンの中で銀行から投資のためにお金を借りた経験がある人は少数でしょう。

ですから、ここまで読んでこう思われた方も多いのではないでしょうか。

「借金の持つ力はわかったけれど、お金を借りるにはどうしたらいいのかわからない」

これは当然のことです。誰でもやったことのないことはわからないものです。

そこで、本章では、融資を受けるためのテクニックをお話しします。

融資を引き出すポイントを知ろう

銀行の融資窓口に行って、

「株式投資をしたいからお金を貸してください」

「石油の先物を買いたいからお金を貸してください」

と言っても相手にはされませんね。

わざわざ銀行からお金を借りなくても、株式投資であれば信用取引によって、また石油などの商品（コモディティ）なら先物取引によって、自己資金以上の大きな取引ができます。必要な保証金（証拠金）を出せば借金での投資が可能となる制度があり、比較的容易に利用することができるのですから、何も煩《わずら》わしいことはありません。

ところが、私のやっている不動産投資ではそう簡単にお金を借りることはできません。投資をしたいけれども融資がつかず、見送ったケースもあります。目の前に有利な投資があっても資金が調達できないときほど残念なものはありません。

投資対象がお金を借りて投資をしなければならないものである場合、その投資が有利かどうかという判断だけで購入することはできません。

そのため、そのような投資には、お金を借りることができる人、もしくは現金で購入できる限定された投資家だけが参加できることになります。借金パワーを使いたくても、お金を借りることができなければどうしようもありません。

投資家の数が限定されるということは、客観的に有利な投資対象が残っている可能性が高くなります。銀行から投資資金の融資を受けられるようになれば、この限定された投資家の中に入ることができるのです。

私は数多くの失敗を重ねるうちに、銀行から融資を引き出すポイントがわかってきました。銀行はどんなところを見ているのか、どういう融資に積極的なのかなど、ちょっとしたポイントを知っていれば、それだけで銀行の対応は違ってくるのです。

銀行が貸してくれるお金は「事業性の資金」

まず、根本的な話です。

最初に**銀行が積極的に融資対象とするもの**としないものを確認しておきましょう。

現在、銀行が投資資金として貸してくれるお金は**「事業性の資金」**です。

事業性の資金の貸付とは、その貸付金が事業に投資され、その事業が運営されることで生み出される収益によって返済がなされるものを言います。

一般的には、会社や自営業者が本業のために必要とされる資金、たとえば新たな設備の購入のための貸付金などが、これに該当します。

ですから、事業経営ではなく、純然たる投資のための貸付に対して、銀行は一線を引いています。ただし、収益不動産への投資に対しては、担保価値や、購入後の事業性などを考慮して、事業性の資金の扱いとなる場合があります。

バブル崩壊以前にも収益不動産への融資は多くありましたが、当時、銀行が貸付資金の回収として期待したものは、その物件の値上がり益、つまりキャピタルゲインであり、賃貸事業としての本来の売上げである家賃収入などは眼中になかったものです。その後バブルが崩壊し、銀行は大きな損失を被ることになります。

その反省から、**銀行は原則として、値上がり益を返済原資として見込むような貸付はしない**方向になっています。例外は、不動産仲介業などの元々売買を目的とする業者や、不動産の売却によって利益を確定させることを目的とした不動産投資ファンドなどの組織への融資です。

一般的に私達が投資の目的で融資を申し込む場合、投資とは事業の開業を意味し「事業性資金の貸付」であるという方向で融資の検討がなされるのです。

「あるものが値上がりしそうなので、その購入資金を一時的に貸してください」と言うのも投資に伴う融資の申込みなのですが、銀行は過去のトラウマから、このような申し出は拒否するでしょう。

銀行へは投資資金ではなく「事業資金」として融資を申し込むことが基本となります。

「属性」という業界用語

銀行の融資担当者と懇意になると、いろいろな話を聞くことができます。彼らとの会話の中で、よく出てくる言葉に「属性」があります。

大丈夫かな？
BANK
アパート買いたいのでお金貸して下さい
与信
ゼロ
ええっ
BANK
ふやしたいから貸して
通帳
10,000,000
与信
UP
ホッ
BANK
私の通帳返して。
てへ

属性とは「そのものに備わっている性質、特徴」のことですが、銀行では**融資を申し込む人の勤務先、年収などの、社会的、経済的背景のこと**を指します。

「○○に住んでいて△×株式会社の課長さん」

「4人家族で家は持ち家、年収は○百万円」

こういった内容が属性です。

言葉は悪いのですが、要するに、その人にお金を貸して良いのか、貸すとしていくらが限度なのかを値踏みするわけです。

その値踏みの際には、年齢、勤続年数、雇用形態、勤務先規模、年収、居住年数、居住形態、家族構成など多岐に渡る項目が検討され、「この人の社会的、経済的地位はこのくらいだから、いくらまでなら貸すことができる」という形で判断が下されます。

与信とは何か

そうやって融資の限度額が決まってくるのですが、「この人にはいくらまでならお金を貸すことができる」と査定すること、つまり、**人物の信用評価を行い、信用する限度額を設定する（与える）ことを与信といいます。**

主に企業同士の取引で、いくらまで売り掛けで商品を販売するかということで問題となりますが、個人でも同様のことが行われるわけです。

では、個人の与信、つまり貸し出し限度額を決める際に一番重視される基本事項は何でしょうか。

もちろん、個人の属性から導き出された様々な要素が複合的に評価されるのですが、一番の基本となるのは、収入と支出のバランス、つまりインプットとアウトプットのお金の動きです。

端的に言えば融資をしても、返済期間の間入ってくるお金と出て行くお金の差がプラスと予想される金額であれば融資は可能と判断されます。

つまり、**与信額は融資後のキャッシュフローの状態によって決定される**ということになります。

与信とキャッシュフローの関係

では、具体例で考えてみましょう。

35歳のサラリーマンNさんがいます。

年収は600万円、毎月の手取り金額は35万円だったとします。

現在、**賃貸に住んでいて家賃は10万円、生活費に20万円が必要なので毎月の支出は30万円**です。

Nさんは賃貸住まいをやめ、分譲マンションを購入しようと考えました。

Nさんが**毎月返済できる限度額**は手取額35万円から生活費20万円を引いた**15万円**です。35歳から60歳まで働けると考えると、**25年間はローン支払が可能**と銀行は判断してくれました。

15万円を25年間支払えると考えて、25年間の平均金利が3・5%で元利均等払いで返済すると仮定します。

この条件で計算すると、**借入金額は3000万円、支払総額は4500万円**となります。

つまり、**Nさんの与信は3000万円**になります。

これは、Nさんは給与から生活費を払っても毎月15万円のお金（キャッシュフロー）が25年間残ると仮定して、そのキャッシュフローをすべて返済に回した場合に借りられる限度額が3000万円だということです。

ここで、Nさんはどう考えるのか、これが問題です。

「3000万円も貸してくれるなら、良いマンションが買える」

と思うのか、

「3000万円でマンションを購入したら、毎月の収入はぎりぎりになってしまう」

と考えるかです。

もし、マンションを買わないで今のまま賃貸に住んでいれば毎月5万円の余裕がありますが、購入すれば余裕はゼロとなります。しかし25年後には返済が終わりますから、その後は収入に余裕が出るかもしれません。

どちらが良いという結論はすぐには出せない難しい問題です。

私は「自分で働いたお金で返済するのは大変ではないか」と感じます。

与信限度の考え方

私がなぜ「大変ではないか」と思うのかというと、マンションを購入してしまうとNさんは自分の持っている与信限度をすべて使い切ってしまうからです。

銀行が「いくらまでなら貸すことができる」という金額は、「これ以上借りると返済不能になる可能性があります」という限度ぎりぎりの金額なのです。

つまり、与信限度一杯までの物件を購入するということは、さらに何らかの借金をすれば破綻する危険が大きく、かといってNさんの収入が増えなければ、25年間ぎりぎりの生活を強いられるということなのです。

さらに、Nさんが現在得ている収入は25年間保証されているものではありません。

リストラもあれば会社が倒産することだってあるでしょう。

再就職できたとしても年収が下がらない保証はありません。

順調にいったとしてもぎりぎりの生活、ちょっとつまずけば破綻《はたん》するかもしれないことを考えると、私には「大変なこと」としか思えないのです。

ゆとりある人生のキーワードも与信

ではどうしたら良いのでしょうか。

答えはやはり与信にあります。与信限度一杯まで借りてしまうと大変になるのであれば、与信にゆとりを持たせれば良いのです。

でも借金をするなと言っているのではありません。

非常に短絡的に考えれば、与信限度までお金を借りないための方法はマンションを買わないで賃貸に住み続けることです。マンションを買わなければお金を借りることもありませんから、与信の限度額には余裕があります。

だから賃貸に住んでいたほうが良いという結論になるかもしれません。

しかし、マンションを買わずにこのまま賃貸に住んでいる場合には、Nさんが持っている与信の限度額は3000万円にはなりません。

賃貸に住んでいる間は家賃を支払わなければならないので、毎月のキャッシュフローは5万円です。この5万円のキャッシュフローで同様に25年間のローンを組むことを考えた場合の与

実は自分で働いて返す借金は危ないんだよ
住宅ローンもできればほかの収入で支払いたいですねー
えっ

信限度額は、1000万円です。

何かの出費のときにローンが組める余裕が1000万円まではあるといっても、ゆとりある人生とは実感できないでしょう。

では、どうしたら良いのか。

私なら、**与信限度額を積極的に大きくする**ことを考えます。

与信限度額を大きくすることで、豊かな人生を実感できるようになるのです。

与信を大きくするとは

与信は、生活費を差し引きその人自身が支払うことのできるお金、つまりキャッシュフローによって決まってきます。

つまり、キャッシュフローが大きくなれば与信も大きくなるのです。

キャッシュフローを大きくするためには、収入を増やすことと支出を減らすこと、このふたつが考えられます。

もちろん、どちらもそうなれば良いのですが、昨今の経済情勢からは難しいのではないでしょうか。ではどうすれば良いのか。

私が実践している方法は、**「借金によってキャッシュフローを大きくする」**ことです。

もし、私が自宅の購入のために住宅ローンを組んだら、与信は小さくなってしまいます。

しかし、私は同じ不動産でも、キャッシュフローを生む収益不動産を購入しています。

不動産購入のために借金をしますが、その借金の返済額よりも入ってくる家賃収入のほうが大きいため、毎月一定額のキャッシュフローが発生するのです。

私のしている借金は、私自身のキャッシュフローを少なくすることなく、不動産収入から得られるキャッシュフローを生み出してさらに上乗せしてくれます。与信はキャッシュフローによって計算されますから、与信金額も上乗せされることになります。

もし、賃貸に住んでいるNさんが持っている与信限度額1000万円と投資物件の担保価値2000万円を利用し、自宅ではなく3000万の収益不動産を購入し、不動産から毎月10万円のキャッシュフローを得ることができた場合を考えてみましょう。

従来からのキャッシュフロー5万円と新たに得られる10万円を合計すれば、月15万円のキャッシュフローとなります。

15万円のキャッシュフローに対する与信限度額は3000万円です。

つまり、この段階で3000万円の収益不動産を購入し、さらに3000万円の与信が確保できることになります。

ここに借金パワーの力が隠れているのです。

あなたはいくらまで借金ができるのか

個人によって働いて得られる収入は違います。また、給与所得以外にも、たとえば親からもらった不動産や現金を持っている人もいるでしょう。

ですから、個人のおかれた経済的、社会的背景によって、借金の限度額、つまり与信の金額は大きく違ってきます。

これは大きな不公平とも言えるのですが、だからといって、収入のある人、資産のある人が、その有利なポジションを生かしていないことも多いのです。

逆に、不利なポジションでも、その限られた与信限度をうまく活用している人もいます。

与信はその人のいるポジションで決まりますが、そのポジションは不変なものではありません。大きな与信を持っている人でも、その根拠となるキャッシュフローに相当する借入れをしてしまえば、それ以上借りることはできません。

一方、最初は与信額が小さい人でも、借金パワーで着実にキャッシュフローを積み上げていくことができれば、いつの間にかもともと有利な条件に恵まれていた人たちを上回る与信を手に入れることも可能なのです。

「今、いくら借りることができるのか」ではなく、「今後の投資でいくらまで与信を伸ばすことができるか」が鍵なのです。

そのためには「どんな借金をするのか」、つまり借金の質が問題となります。

「あなたはいくらまで借金ができるのか」

その答えは**「借金パワーを使うかぎり無限大」**なのです。

不動産投資の借金は小さなＬＢＯ

私の借金の大半は収益不動産への投資ですが、なぜ不動産なのかというと、それはＬＢＯの手法が使えるからです。

ＬＢＯ（レバレッジドバイアウト）とは、投資ファンドが企業を買収する場合にファンドの持っている自己資金に加えて、買収先企業の資産価値を金融機関に評価してもらい、その価値に見合う資金を借り入れる手法です。

つまりこういうことです。

「私はあの会社を買いたいのだが、あの会社は１００億円の資産価値がある。多少評価が違う場合もあるだろうから、自己資金として10億円を用意した。だから買収資金として残りの90億円を貸してくれないか」

こういう趣旨で融資の申し込みをするということです。

投資の世界では別に変わった話ではないのですが、日常の感覚から考えると、

「買収資金を持っているわけでもないのに、私の会社の資産目当てに借金で買収しようとするなんて、なんという奴らだ」

といった反応になるのではないでしょうか。

手法の道義的是非については本書の目的ではないので判断を控えますが、こういったファンドが実際に、世界で何兆円もの資金を動かしているという事実は覚えておいても損はありません。

積算法と収益還元法

話が大きくなりすぎました。身近なスケールに戻しましょう。

不動産投資をするとき、銀行は何を見てお金を貸すのでしょうか。

ひとつはあなたの「与信」です。

そしてもうひとつ、そして最も重要視するのが対象物件の担保価値です。つまり「その物件の価値はいくらなのか」ということです。

物件の担保価値の評価は、一般的に2つの方法で検討されます。

積算法と収益還元法です。

積算法とは、物件の土地評価額と建物の評価額を合算して計算します。

土地は路線価や取引事例などを参考に、建物は新築価格から経年に対する減額を考慮して決定されます。

収益還元法とは、物件の正味家賃収入に対して、キャップレート（収益不動産に対して期待される収益の標準的な利回り）で割り戻す方法です。

正味の年間家賃収入が３００万円で、キャップレートが８％であれば、収益還元法による評価は３００万円÷８％＝３７５０万円と算出されます。

この２つの方式で算出された値をもとに、掛け値（担保価値に対して融資する割合）をかけた値が、銀行の担保に対する融資限度額になります。

この方式で算出すると、あなたが買える物件の上限価格は次のようになります。

個人の与信＋担保評価の限度額＝購入可能な物件の上限価格

ＬＢＯの場合は、**ファンドの自己資金＋買収先企業の資産価値で融資を引き出して、**企業を買収しようとするものでした。

不動産投資も、ＬＢＯも投資先の資産評価を利用して融資を引き出すものですから、その手法はほとんど同じだと言って良いでしょう。

資金調達の基本的な構造が同じなのですから、ＬＢＯの手法に学ぶべきものが多いということでもあります。

ファンドのＬＢＯに学べ

ここで、野村信託銀行ホームページの用語集からＬＢＯの項目を引用してみましょう。

ＬＢＯとは、Leveraged Buy Out のことで、Ｍ＆Ａ（企業買収）の手法の一つです。具体的には、買収資金を買収対象企業の資産価値や将来のキャッシュフローを担保とする銀行からの借入等で調達し、企業買収を行う方法です。

この手法は、買収時に自己資金が少なくても買収が行えるというメリットがある一方で、買収された企業のその後の業績や外部環境が予想外に悪い結果となってしまった場合、買収資金として調達した銀行借入等を予定通り返済することが出来ず、債務不履行の危機に陥る可能性があります。

したがって、この手法は、比較的業績の見通しが立てやすい企業や早期に処分可能な資産を多く持つ企業を対象とするＭ＆Ａを行う際に利用すべき手法と考えられます。

（傍線は筆者による）

「買収対象企業の資産価値や将来のキャッシュフロー」とは、不動産投資で言えば、積算法、収益還元法での評価にあたるものでしょう。そして「買収された企業のその後の業績や外部環境が予想外に悪い結果」「債務不履行の危機に陥る可能性」があると言うことです。

逆に言えば、ＬＢＯ成功のポイントは、資産価値や将来のキャッシュフローを的確に予想することができ、それをもとに適正な価格で買収できるかどうか、にあります。

買収資金の大半を銀行から調達し、自己資金の比率が極端に少なくても成功することは可能なのです。適正な価格で買収できれば資金の出所は関係ありません。逆にその価格が高すぎれば、自己資金の比率を大きくしても損失を受けることもあるでしょう。

価値のあるものをその価値以下で買うことが成功の鍵であり、自己資金の多寡は二次的な問題なのです。

不動産投資でも同じことが言えます。

購入価格がその物件の価値よりも高いのであれば、多額の自己資金をつぎ込んでいてもその投資は失敗に終わります。購入価格がその物件の価値以下であれば、自己資金の多寡は関係ありません。お金を貸してくれるだけ物件を買い続ければ成功し続けることができるのです。

ＬＢＯの手法を得意とするファンドには世界有数のファンドも含まれています。

彼らプロの手法を少しだけ真似することで、個人が資産を増やすことが可能になります。

そのために必要なのは、そう、借金パワーです。

銀行は何を見てお金を貸すのか

でも「私は与信に自信がない」「今の年収で銀行はお金を貸してくれるだろうか」と思われる方もいるでしょう。

確かに自宅を買うための住宅ローンなどは与信の大きさ＝借入限度額になりますから、実際のところ収入が少ない場合には限度があります。

しかし、投資の場合、特に不動産投資の場合、貸付限度額は次のように算出されます。

個人の与信＋担保評価＝貸付限度額

つまり個人の与信だけでは限度額は決まらないということになりますね。

であれば、物件価格が担保評価と同等もしくはそれ以下なら、個人の与信はいくらであろうと関係ないということになります。

実際、融資基準が緩やかな時期には購入金額すべてをローンで賄える（フルローン）場合もありました。また、一部の銀行やノンバンクではノンリコースローン（非訴求型ローン、個人の信用に頼らず物件の収益力に対して実施される）なども商品化されています。

私が懇意にしているある融資担当者は、「犬猫でも物件のオーナーになれる」とジョークを言っていたくらいです。

08年になってからは、各行の融資基準が変わり、フルローン、ノンリコースローンとも影をひそめましたが、融資基準は猫の目のように変わりますし、各行によって考え方にも差があります。状況が変わってくればまたフルローンも可能になってくるでしょう。

ただし、「担保評価があるから誰にでもお金を貸してくれる」わけではありません。**銀行が融資をする大きな根拠はその物件の収益性**です。

購入後に投資家が円滑に物件を運営してくれることが大前提ですから、そのために重視されるのは投資家の経営能力と金銭管理能力です。

自己資金や与信限度額よりも、投資家の資質が問われるのです。

自分の属性や与信は簡単に変えられるものではありませんが、経営能力、金銭管理能力は自らのスキルを磨くことによって向上させることができます。

巨額の資金を扱うファンドも、優秀なマネージャーがいるから資金調達ができるのです。

同様に小さなＬＢＯである不動産投資の場合も、**自らが優秀なマネージャーになることによって銀行がお金を貸したい人になる**ことができます。

保証人をどう考えるか

ノンリコースローンであれば、保証人はおろか本人の保証も必要ありませんが、大多数の銀行では返済に対して「個人保証＋保証人」が融資の条件となっています。

個人保証は本人の与信を使って融資限度を増やしてもらうことですから仕方ないと思うのですが、問題は保証人です。

個人の場合は相続権者（既婚者が融資を受ける場合は配偶者）が対象となります。状況によっては第三者を要求されるかもしれません。配偶者は投資が成功した場合に恩恵を受ける可能性がありますので、一定の理解もできます。

しかし、第三者の場合、成功しても恩恵は受けられず、失敗した場合のリスクのみを負わせることになります。そのため第三者の保証が要求される場合は、自分には不相応な投資と考え断念すべきでしょう。

自分の利益追求のために第三者に経済的リスクを負わせることは厳に慎むべきものだと考えます。

借入条件について①　適用金利

お金を貸してくれることになったとしても、安心してはいけません。

次に問題となるのが借入条件で、ポイントは適用金利です。

第５章でお話ししましたが、借金パワーを利用した投資で大切なのは利回りではなく、イールドギャップです。

イールドギャップは投資利回りから金利を差し引いて求められます。

つまり、金利が１％高ければイールドギャップは１％減り、金利が１％低ければイールドギャップは１％増えるのですから、投資の成績に大きく関わってきます。

では、金利は何で決定されるのでしょう。目安となる指標には以下のものがあるとされます。

プライムレート……最優遇顧客である信用度の高い企業に適用される最も低い金利

新短期プライムレート…市場金利の実勢を考慮して柔軟に変動するもので、変動金利の基準となるもの

新長期プライムレート…新短期プライムレートに上乗せされ、固定金利の基準となるもの

基準金利……住宅金融支援機構の中で最も低い中心的・基準的な金利

このような指標を勘案し、融資先の信用力を加味して貸出金利が決定されると言われています。

しかし、実際の貸付現場では、このような指標ではなく、もっと身近な、とてもわかりやすい指標が採用されているようです。それは「**隣の銀行の貸出金利**」です。

たとえば、私が融資を申込んだ際に、他行でも融資の打診をしていることを話すと、必ず聞かれることがあります。それは「他行の金利」です。

私は全体の金利情勢や自分自身の信用力、そして今までの融資条件を勘案して自分が借りることができるだろうと思われる「自分の基準金利」を決めています。その基準は、当たり前ですが自分に有利になるように、銀行が出してくれる可能性のある最低レベルで設定してあります。

そのため、その金利に対して銀行は当然ながら難色を示してきます。そこで聞かれるのが他行の金利、具体的には、「今、他行から何パーセントでお金を借りているか」なのです。

そのとき、他行の融資条件のほうが良いのであれば、「金利がわかる書類のコピーをください」と依頼されます。そして数日後「わかりました。当行でも同じ金利に合わせます」とか「当行ではあとコンマ○%下げますのでいかがですか」と回答されるのがほとんどです。

銀行って
コンマいくつか
安いとか高いとか
いうけど
金額にすると
ベラボーな
時があって
困る
3000万を
30年で
組みましょう
ええ、たった2.4%が 2.5%ですから ウチでもいーじゃないですか 近所だし
そうねえ 交通費も バカにならないし
3000万×0.1%×30年=90万
その取引だと 90万の損だね

では、今まで提示していた金利は何だったのと言いたくなりますが、銀行とは持ちつ持たれつの関係が大切ですので、「大人の社交術」でにこやかに結果だけを享受すればすべて丸く収まることになります。

この金利決定の過程には、プライムレートも基準金利も考慮されていません。唯一の指標が「他行の金利」「隣の銀行の金利」です。よって銀行に対して金利交渉をする場合には、他行と競わせることが最も効果的ということになります。

でも、取引自体が初めての場合は、最初から取引銀行を2行作るのは無理な相談です。

ではどうするのか。

最初の融資条件についてはあまり無理をせず、その提示条件が平均的レベルに達していたら妥協することも必要です。

ただし、その融資はいつでも他行への借り換えが可能なように、繰上げ返済の場合のペナルティーが少ない契約、たとえば変動金利であるとか、固定金利でも固定期間の短いものを選ぶことによって、いつでもライバル行が借り換えの提案をできるようにしておくのです。（一般的に、固定期間終了後の繰上げ返済にはペナルティーがつきません）

そして、融資が実行されたあとに、借り換えの相談に乗ってくれそうな銀行を回り、良い条件の提示があったら、間髪をいれず今借りている銀行に報告してみましょう。それだけで今までの銀行は手の平を返したように金利を下げてくるかもしれませんし、反応が無ければ借り換えの手続きを進めれば良いのです。

このようにして、常に銀行間のライバル意識を刺激すれば低金利を享受することができます。

借入条件について②　変動金利 vs 固定金利

有利な金利で貸してくれる銀行が見つかったとして、次に変動金利にするのか固定金利なのか、さらに固定金利の場合であれば、固定期間をどうするか（2年、3年、5年、7年、10年、あるいは全期間なのか）を選択する必要があります。

金利は小さいほうが良いのでわかりやすいのですが、固定か変動かの選択は将来の金利動向を予測し、固定期間に対して割り増しとなる金利部分と比べてどちらが得になるのかを判断しなければなりません。未来のことは誰にもわからないので、絶対正しい選択というものはできないと割り切ってください。その上で、どれかを選ばなければなりません。

そこで私は**「どこまで変動金利のリスクを取ることができるか」という点と「リスクを取ることによって得られるリターンの大きさ」を比べて、どちらが有利になるのかを考えます。**

変動金利によって取らなければならないリスクとは、将来の支払金利上昇による利払いの増加です。支払能力に余裕がない場合は、金利上昇によって債務《さいむ》不履行《ふりこう》が生じかねません。

逆に、支払原資に余裕がある場合、たとえば不動産投資で高利回り物件を入手し、月々のキャッシュフローも確実に入ってくる場合には、ある程度金利が上昇してもデフォルトにはならないのです。

また、キャッシュフローを繰上げ返済に回すことができれば、繰上げ分の元金も減りますので金利が上昇したとしても実際に負担する実額を抑えることができます。

変動金利のリスクをどこまで取れるのかということは、キャッシュフローを加味した支払能力の大きさによって決まってきます。

変動金利のリスクをとることによって得られるリターンとは、変動金利と固定金利との金利差を指します。現在の日本は低金利ですから、変動と固定の金利差があまりないのであれば、あえて変動を選ぶ必要はありません。手堅く固定金利を選択すれば良いのです。

悩ましいのは、その金利差がどのくらいなら固定が有利なのか、もしくは変動のほうが良いのかです。

そこで次のような条件設定をして考えてみましょう。

借入金額4000万円、返済期間20年の借入れをする場合に、銀行から次の4条件が提示されました。あなたはどれを選びますか。

①変動金利　2%（元金均等）
②3年固定　2・4%（元利均等）
③5年固定　3%（元利均等）
④10年固定　3・6%（元利均等）

将来の金利動向は?

選択のためには、金利動向を予測して具体的な数値でシミュレーションしてみることが大切です。

次の条件を設定してみました。月々の返済額は図1になります。

・変動金利は4カ月ごと0・2%上昇（年3回上昇）上限5%
・固定金利は更新時に同一の固定期間でその時の変動金利を適用できるものとする。

※設定条件について
今回のシミュレーションは、平均的な貸出し条件を元に算出しましたが、すべての金融機関に当てはまるものではありません。融資条件による金利差も違ってきますので、有利、不利の

判断は個別に検討する必要があります。また返済方式について元金均等と元利均等を比較すること自体に違和感を感じる方もいらっしゃると思います。しかし、実際の融資現場では事業性変動金利貸付は元金均等が一般的であり、固定金利は元利均等が一般的であるためそれに準拠しました。

返済額の推移は？

この図は、毎月の返済額を縦軸に、経過月数を横軸にとってあります。

変動金利は元金均等払いでさらに金利上昇の影響を最初から受けますので、116カ月までは固定金利を選択した場合より返済金額が高くなります。よって返済期間の前半は変動金利が不利であると考えられます。

支払総額は？

次に支払総額を比べてみます（表8）。

変動は10年固定に比べると不利ですが、3年、5年固定よりは返済総額が少なくなります。

図1　借入条件による返済額の違い

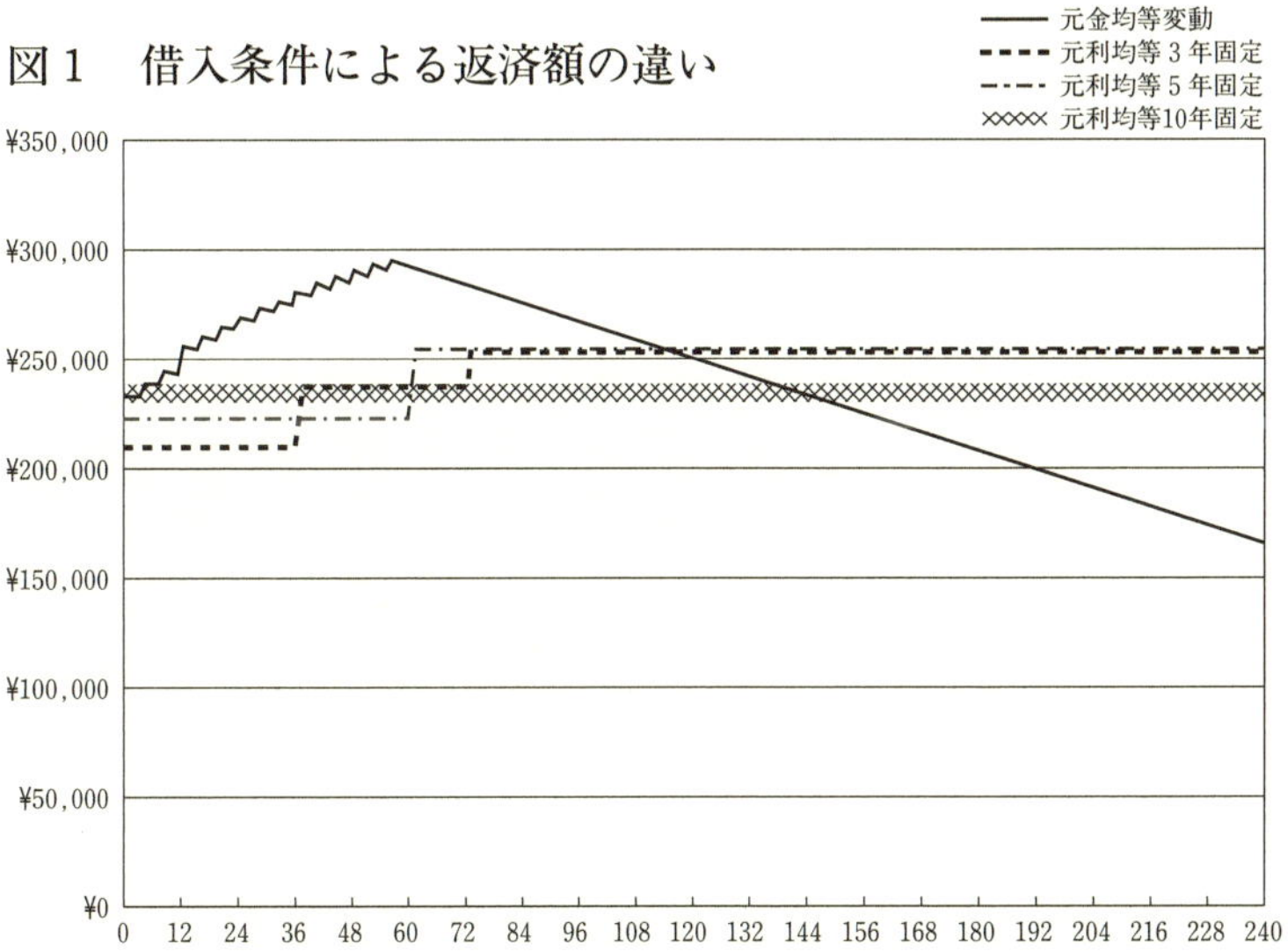

表8　借入条件による支払総額の違い

借入条件	返済総額
変動	5751万円
３年固定	5865万円
５年固定	5903万円
10年固定	5615万円

金利上昇リスクの中身を調べる

この結果を元にリスクを検証してみます。

金利上昇のリスクとはなにかを考えてみましょう。私は2つのリスクに分けて考えます。

①月々の返済額が大きくなるリスク
②支払総額が大きくなるリスク

この2つに分けて考えて、今回の設定条件以内に金利上昇が留まった場合、リスクが大きいとされる変動金利は①の月返済額が大きくなるというリスクだけに限定されます。

逆に3年固定、5年固定という選択は、①のリスクは小さいけれど②の支払総額の点では変動金利よりハイリスクであることになります。

防げるリスクはリスクではなくなる

次にリスクが発生したときに対抗できるかどうかを考えてみます。

固定・変動どちらの場合も、金利上昇の際は繰上げ返済が有効な手立てであることは明らかです。

よしっ明日を信じて今なら変動金利だっ
上がりそうになったら繰り上げしてね

ただし、固定金利の場合は、一般的に固定期間内での繰上げ返済は認められていないか、認められたとしても多額の手数料を取られます。手数料という名目ではありますが、つまりはペナルティーです。

一方、変動金利の場合は、通常繰上げ返済がいつでも可能で手数料も少額です。もし金利が上昇を始めた場合には、資金に余裕があれば即座に繰上げ返済を開始することによって、金利上昇のリスクを和らげることが可能です。

投資、特に不動産投資は、自宅を取得する場合と違い、取得することによって家賃収入が発生し、利回りによってはキャッシュフローが得られます。毎月発生するキャッシュフローを繰上げ返済の原資に利用できれば、金利上昇のリスクは最小限に抑えられます。

つまり、資金に余裕がある場合やキャッシュフローが確保できる場合には、金利上昇のリスクをとっても問題はないと考えることができます。

リスクの発生する確率は？

この予測では年に3回0・2％の利上げが実施されることになっています。この確率についての計算は不可能ですが、これ以上に厳しくなるのか、穏やかになるのかは判断がわかれるところです。

しかし、この予測は、一定の金利上昇を織り込んだ結果、変動でも極端なマイナスにはならないことを示しています。

リスクをとる者がリターンを得る

リスクを予想し、そのリスクをコントロールできると判断するのであれば、あえてリスクをとり最大限の収益を目指すことも選択肢のひとつです。

不動産投資に限らず、「投資」とは、リスクをとる代償としてリターンを得るものです。

資金力のある人でしたら、金利上昇のリスクをとり、それに見合うリターンを得ることも可能ですし、資金力が弱くても確実にキャッシュフローを生む物件は、それを機動的に活用することによって、金利上昇というリスクをコントロールし、リスクの大きさを限定しながらリターンを得ることができます。

固定金利で借りるのか、変動金利にするのかというのはつまり、銀行がリスクをとってリターンを得るのか、それとも借り手がリスクをとってリターンを得るのかということに他なりません。

もし自分自身でリスクに対応できると考えるのであれば、有利なリターンを得られるチャンスなのです。

お金を借りるということは

本章ではお金を借りること、それもいかに有利な条件で借りるかについてお話ししましたが、これはあくまで借りることを前提とした話です。

しかし、根本的なところに立ち戻ってみれば、貸してくれるとしても、借りて良いお金なのか、本当は借りてはいけないお金なのかを落ち着いて考えることが必要なのです。

与信の話もしました。

与信は本来、個人の収入やすでに持っている資産を考慮したものです。つまり、純粋な投資内容だけが融資の判断基準ではないということなのです。

これは「個人の属性が良く、与信が大きくなればなるほど投資として成り立たなくとも融資をする場合がある」ということに他なりません。

銀行から大きなお金を貸してくれると言われれば、それだけで金持ちになったような錯覚をするものですが、投資のためにお金を借りる場合には、**その投資の収益のみで「借りたお金を返す目処が立たなければ借りない」ことが大切**です。

個人の与信限度額はあくまで銀行の都合によるものであり、投資そのものとは無関係であることを忘れてはいけません。

第9章 借金パワー投資の大原則

借金パワーを使った投資として、どんな投資をすれば良いのでしょうか。

それは一言で言えば**「金のなる木」を購入すること**です。

「金のなる木なんか、実際には存在しない！」

そう思われるでしょう。

確かに「お金が実際に実る木」はありません。でも、購入した結果、お金を生み出してくれる「金のなる木」はあるのです。

なぜなら、資本主義と言われている日本や世界の経済体制そのものが「金のなる木」が存在することを大前提としているのですから。

資本（お金）が新たなお金を生み出すのが資本主義の根本原理です。

カール・マルクスは近代資本主義の発展をみてその様子を、G→W→G′つまり、**お金Gを資本Wに投じた場合のアウトプットとしてG′（G＋⊿）が得られる**、と表現しています。

投入した資金以上のアウトプットが得られることは資本主義の基本原則、ごく一般的な経済事象です。特別なことでもありません。

「金のなる木は存在する」のです。

また、その投入資金を借金で賄うことも普通のことです。

とはいえ、「資本主義の世の中だから、投資さえすれば「リターンが得られる」ということではありません。

- **何に投資をするのか**
- **投資によって予想されるリターンは何か**
- **そのリスクの大きさはどのくらいになるのか**

投資で成功するためには、これらを見極めることが要求されるのです。

借金パワーに向く投資とは

そこで、本書の主題である借金パワーに向く投資とは何かを考えてみましょう。

この投資の主人公は大資産家でも、事業家でもありません。潤沢な投資資金を持たないけれども、資産を増やしたいという人です。

そのために借金パワーを使うのです。

この場合、予定どおりにいかないときは**「負担できる損失にも限度がある」ことから、ローリスクであることが必要**です。そうしなければ自己破産の危険もあるでしょう。

しかし、ローリスクにこだわるあまり、リターンの小さい投資を借金で購入すれば、得られたリターンはすべて金利の支払いに当てられ、さらに不足分を支払わなければならない事態になります。

また、金利支払いを上回っていても、利回りとの差、つまりイールドギャップが確保できていなければ、「金利だけは払えるが、資産は増えない」ことになります。

これではお金を右から左に渡しているだけで、自分の資産は増えません。投資リスクを背負うだけ損をしていることになりますし、キャッシュフローも発生しませんから与信も増えることはありません。次に借金パワーを使った投資をしようとしても難しくなるのです。

そのため、リターンは借金に対する支払い金利以上であること、さらに投資リスクを上回るリターン（一定以上のイールドギャップ）があることが必要です。

この「投資リスクを上回るリターン」がどのくらい必要か、つまり投資リスクとリターンとのバランスの見極めができるようになれば借金パワーを有効に使うことができ、資産を飛躍的に大きくすることができるのです。

つまり、借金パワーに向く投資とは、

・ローリスクの投資であること
・投資リスクを上回るリターンが期待できること

であり、ひとことで言えばローリスク・ミドルリターンの投資ということになります。ミドルリターンによって借金の金利を差し引いたあとでも一定の収益、つまりイールドギャップが見込めるのであれば、借金パワーは、ミドルリターンをハイリターンに増大させ、資産の増加するスピードを速めることができます。

これによって最初は資産が少ない人でも、短期間のうちに経済的に豊かな生活を得られる資産規模を目指すことができるのです。

😐返済はどうするのか

「お金（元金）は返済しなくてもよい」

こうお話しすると、戸惑うかもしれません。

もちろん、普通はお金を借りたら返済しなければなりません。

生活費、遊興費、自宅のための住宅ローンなどを返済しなければ、借金の督促がきますし、それでも払わなければ差し押さえを受ける場合もあります。本当に支払えなければ自己破産になるかもしれません。「借りたお金は返す」、これが日常生活の常識でしょう。

でも、投資に対する借金は違います。

借金パワーの投資は、借金の力によって支えられています。

借金の力によって、十分なリターンを得られているのであれば、その借金を減らす必要はありません。返済しなければならないのは、十分なリターンが得られないときだけなのです。

例をあげてみましょう。

借入れ金利３％、利回り年８％、総額１０００万円の投資で、これを自己資金２００万円、借金８００万円で投資するとどうなるでしょう。

・年間のリターンは１０００万円×８％＝80万円
・金利支払いは８００万円×３％＝24万円
・収支は80万円－24万円＝56万円

自己資金に対する利回り（ROI）を計算すると、56万円÷200万円＝28％です。年8％だった利回りが、借金パワーによってROI28％の利回りになっています。

これを1年後、収益となった56万円分を借入金の一部返済にまわすと、

・年間のリターンは1000万円×8％＝80万円（変わらず）
・金利支払いは744万円×3％＝22・32万円
・収支は80万円－22・32万円＝57・68万円

となり、収支が56万円から57・68万円に改善しますので、繰上げ返済は効率的な資金運用とも考えられます。

しかし、これは仮定の話ですが、この投資と同条件で、最低単位が5分の1、つまり総額200万円、自己資金40万円でも投資可能だったらどうでしょうか。

投資収益56万円のうち、40万円を使い、この投資をします。

40万円に対するROIの28％は変わりませんから、11・2万円が投資収益となります。

2年目以降もこれを繰り返したとすると、次のようになります。

【1年目】
投資資金200万円　投資収益56万円　ROI28％
【2年目】
投資資金200万円　投資収益67・2万円　ROI33・6％　繰越金3・2万円
【3年目】
投資資金200万円　投資収益89・6万円　ROI44・8％　繰越金12・8万円

これをまとめたのが**表9**です。

この表のとおり、6年後、ROIは89・6％となりました。

つまり期待どおりの利回りが確保されているのであれば、あえて借金を返してROIを下げる必要はなく、投資収益を再投資することによってROIは飛躍的に大きくなるのです。

このときに再投資するのをやめると、6年前に投資したお金200万円は回収でき、さらに毎年179万円の投資収益が入ってくることになります。

これはまさに**「金のなる木を手に入れた」**状態になったと考えられるのではないでしょうか。

おとぎ話と言ってしまえばそれまでですが、私はこの表の前提条件である、投資利回り8％借入金利3％はそれほど現実離れした内容ではないように思えるのです。

ただし、キャッシュフローを返済に回さないでＲＯＩの増大を目指すためには、条件がふたつあります。

ひとつは、投資環境の変化がないこと。

たとえばリターンが確実に望めない場合や、金利が上昇する可能性が高いなど、将来のリスクが高くなる可能性がある場合は、たとえＲＯＩが下がっても確実なリターンを得るためにキャッシュフローを返済にまわすことが、合理的な判断となります。

もうひとつは、1年間の運用で得た56万円を再投資した場合に、借金を返済することで得られる利回り以上で運用できる投資先が見つかることです。

投資の機会はいつでもありますが、有利な投資が常にあるとは限りません。最適な投資が見つからなければ、ＲＯＩが下がったとしてもリターン総額は増えるのですから、元金の返済に回すべきでしょう。

実際のところ、簡単に次の投資先を確保できるわけでもありませんし、金利支払いのみで元金を返さなくても良いという融資条件が常に使えるというわけではありませんから、金利と元金を支払いながら借金パワーを最大限に生かす方法を考えるのが現実的です。

たとえば、私のやってきた不動産投資では、原則として金利と元金は毎月合わせて返すことになりますので、お金（元金）を返済したくなくても支払う必要があります。

表9　借金パワーでROIはこれだけ増大する

投資総額に対する利回り	8％
借入金利	3％
最低投資単位	200万円
必要自己資金	20％(40万円)

	自己資金	損益からの再投資	借入金	投資総額	リターン	金利支払	損益	損益＋前年繰越金	再投資	繰越金	ROI
1年後	200		800	1000	80	24	56	56	40	16	28.0%
2年後		40	960	1200	96	28.8	67.2	83.2	80	3.2	33.6%
3年後		80	1280	1600	128	38.4	89.6	92.8	80	12.8	44.8%
4年後		80	1600	2000	160	48	112	124.8	120	4.8	56.0%
5年後		120	2080	2600	208	62.4	145.6	150.4	120	30.4	72.8%
6年後		120	2560	3200	256	76.8	179.2	209.6		209.6	89.6%

でも、元金を返すことは、ROIを低減させることになります。
そこでどうするのか、私のやり方をお話ししましょう。

㊂高いROIを維持し、無限大のROIを目指す

私が行っている不動産投資では、中古や新築のアパート・マンションを一室ではなく一棟まるごと買っています。投資資金の大半は借入金で、最近は自己資金部分を0～10％程度に抑えています。

私の場合、金融機関に融資を申し込むと、融資条件として金利2％前後、返済期間20年前後を提示されます。元金返済ゼロとはいかなくても、20年の分割で支払えば良いのですから、借金パワーを生かす環境が整っています。

投資する物件のポイントは、月々の家賃収入より返済額が少ないこと、つまり投資することによって確実なキャッシュフローを得られることです。

また、自己資金割合をなるべく少なくするように交渉すると、購入に必要な自己資金はキャッシュフローによって物件によっては1～2年で回収が可能になります。

回収した自己資金をどうするかについて、選択肢は2つあります。

みなさん
私は 投資の味方
リターンジャーの
ROIです
自己資金に
対する
もうけた額の比
ですよー
ROI

①借り入れている元金の返済にまわす
②次の物件購入のための自己資金として再投資する

という2つです。(もちろん、使ってしまうという考え方もありますが、資産を増やすことを目的としている場合には論外です。)

私は先ほどのシミュレーションのようにキャッシュフローを使って繰上げ返済するより、再投資するほうがROIが高くなり有利だと判断していますので、キャッシュフローで回収した資金を次の物件取得の自己資金へ充当することにしています。

物件を購入すると必ず月々の返済で金利に加え元金も払っているのですが、元金を返す金額以上に次の物件を借金で購入し続けていますので、借金総額は増えることになります。

こうお話ししますと、世間一般の良識のある方は顔をしかめるかもしれませんが、私は、この**「借金が増え続ける状況」こそ資産を増やす、つまり金持ちになるために必要な過程である**と考えています。

一定規模に到達するまで、私はこの手法で借金を増やし続けるつもりなのです。

実際、私はこの方法でほぼ毎年物件を取得し続け、10年間で約6億円の投資を行ってきました。また、さらに現在1棟で4億円の投資案件に取り組んでおり、2009年には完成予定ですので、それも加えると投資総額は10億円になります。

投資に必要な自己資金が平均して10%だとすると、自己資金は1億円という計算になりますが、実際に私が自分で用意したお金は1000万円未満であり、残りはすべて投資物件から生み出されたキャッシュフローで充当しています。

借金総額も増えていますが、資産はそれ以上に増えていますので、バランスシート上の問題は発生していません。

また、この方法では投資が進めば進むほど、キャッシュフローが潤沢《じゅんたく》になってきます。

最近は、自分自身が働いて稼いだお金、つまりサラリーマンの給与所得は一切投資資金として使っていません。投資から生み出された資金を再投資しているわけですから、元手はゼロだと言うこともできます。

ゼロからリターンを生み出しているのです。

リターンを自己資金で割ったものがＲＯＩですが、自己資金自体がかかっていないのですから、**ＲＯＩは無限大になっている**とも言えるでしょう。

不動産投資はなぜ借金パワー投資に向いているのか

私の借金パワーを使った投資の大半は不動産投資です。

私自身、**不動産投資をやってみて、借金パワーの力に気づいた**とも言えます。

ではなぜ不動産投資と借金は相性が良いのでしょうか。

それは、一言で言えば、**金融機関は不動産が大好きだからです。**

なぜなら、不動産は読んで字のごとく「動かすことができないもの」、端的に言えば「持ち逃げのできない財産」です。そして、さらに「借金のかた（抵当）にとることができる財産」だからです。

このため、金融機関が不動産に抵当権を設定して融資した場合に、その融資額のうち不動産の処分価格部分は貸し倒れのリスクがありません。

仮に不動産を担保に5000万円の融資を行った場合、その物件の処分価格（通常市場流通価格の20～30％減）が4000万円ならば、融資に対する貸し倒れのリスクは1000万円に限定されるということです。そのため、極論を言えば4000万円までは誰に貸しても損はないはずです。

借り手の立場から見れば、5000万円の物件を購入するために5000万円全額の返済の裏づけは必要なく、5000万円から処分価格4000万円を引いた残り1000万円を返済できる証明をすれば良いことになります。

これをクリアするための一番簡単な方法は1000万円の自己資金を用意することですが、

そのお金が無くともあきらめる必要はありません。

収益物件は、計画どおりに運営できれば毎月お金が入ってきますので、それを返済の裏づけととらえ自己資金の代わりとして評価してもらうことも可能です。

また、収益性について金融機関が不安視する場合でも、借り手自身に定職があり、毎月の収入から一定額の返済が可能であれば、その部分も考慮して融資の上乗せを受けることもできます。

サラリーマンなどはその典型で、一定の収入が毎月保証されているということ自体に資産価値があるのです。この価値は投資に対しての資金調達に利用することによって収益化することができます。

大多数のサラリーマンは、この資産に気づかないまま、借金パワーを利用するチャンスを逃しているのではないでしょうか。

不動産投資は、物件の担保価値、そして、投資する人の金銭的な担保価値を有効に活用できる点で借金パワーを発揮しやすい投資です。

また、収益予測も立てやすく、精緻なシミュレーションができる力があれば、リスクコントロールも比較的容易な投資です。

ローリスク・ミドルリターン投資の代表格と言えるでしょう。

FX取引は借金パワーに向く投資か

07年に「FXで○億円稼いだ主婦が脱税で摘発された」「個人投資家がFXや商品先物などの利益で○億円の脱税」などとマスコミを賑わしたことがありました。

脱税はもちろん許されることではありませんが、世間の興味をもっとも引いたのは、「主婦がFXで○億円稼いだ」という点だと思います。

FX取引は、保証金を担保にして実際はその何倍もの額の取引を行うことができるもので、借金パワーの基本であるレバレッジの力をシンプルに使った投資手法といえます。FXで可能となる倍率は業者によって違い、会社によっては100倍を超える高倍率の取引ができるところもあります。

しかし、倍率を高くすればするほど、為替の動きは増幅されることになりますので、期待どおりの値動きになれば良いのですが、予想と逆の動きになれば一瞬で保証金が無くなってしまうことにもなりますので、注意が必要です。

たとえば、自己資金（保証金）100万円に対して10倍のFX取引を行うということは日本円にして1000万円の取引を行うことです。

仮に米ドルがレート100円のとき、100万円の保証金で1000万円分の米ドル、10万ドルを買うことができるのです。翌日米ドルが１００円から１０２円になり、その時点で決済を行うと（手数料スワップ等は考慮しない場合）、次のようになります。

１０２円－１００円＝２円
２円×10万ドル＝20万円

保証金１００万円で20万円の利益を得たことになります。

同じタイミングでＦＸ取引を利用せず、現金１００万円で米ドルを１万ドル購入し、値上がり時点で売却した場合は、

１０２円－１００円＝２円
２円×１万ドル＝２万円

となります。

つまり１００万円を自己資金だけで投資した場合とＦＸで10倍の倍率という借金を利用した投資の結果は、２万円と20万円という差によって現れてくることになります。

もちろん、これはうまくいったときの話で、逆に米ドルを１００円で買い、その後98円に下がり決済した場合には、自己資金だけなら2万円の損失ですが、ＦＸで10倍の投資を行っていれば20万円の損失です。

当たり前のことですが、為替の動きを１００％予測することは不可能ですし、仮に値動きの上下の確率、そして変化率が同じであれば、得をする確率も損をする確率も同じです。つまり、利益を得るか、損失となるかの結果は同一です。

ＦＸでの投資と自己資金のみの投資で違うのは、その結果に対する利益、または損失の大きさなのです。

ＦＸで大きく儲ける人は確かに存在しますが、大きく損をする人も必ずいます。

「ＦＸで巨額の脱税をする人がいる＝ＦＸは儲かる」と、短絡的に考えることはできません。

◎ＦＸ取引の有効性

だからといって、ＦＸをすべて否定するわけではありません。

保証金さえあれば、その何倍もの外貨取引が手軽にできるということは、借金パワーの潜在力を持っているということです。

その力をプラスに持っていくためには、リスクをどうやって限定していくのかが問題となります。しかし私自身、ＦＸについての経験は浅いので具体的な手法について詳しくお伝えすることはできません。

そこで、成功している人たちにヒヤリングをしてみました。それぞれの投資手法は違っていますが、共通点を見つけることができましたので、参考までにお話ししておきます。

成功している人たちは、投資をする際、最初から一定レベル以上に損失が発生したら必ずロスカットをすることを決め、そのルールを忠実に守っています。

技術的には、取引成立と同時に逆指値（現在の価格より上がって指定した値段になったら買う、または現在の値段より下がって指定した値段になったら売る）を必ず設定しているようです。

利益についても一定のルールに基づいて必ず確定させています。

倍率は一定ではなく、状況によって変化させています。

また、自分で相場の流れを考え、その展開どおりになったときに取引を行い、そうならない場合には無理に投資をしない、というルールも持っているようです。

このような共通点は次のようにまとめることができるのではないでしょうか。

・損失が発生したらロスカット、利益確定についても一定のルールを定める

価格変動の経験則から振幅の動きを予測したうえでロスカット、利益確定をルール化し、プラスになる確率を高くしているようです。

・倍率は一定ではなく、状況によって変化させる

相場は価格水準によって、下落リスクや上昇リスクの大きさが変わってくることになります。たとえば、1ドル100円のときにドルが下落するリスクと、1ドル70円のときにさらにドルが下落するリスクを比べれば、その大きさは変わってくるはずです。

下落リスクが少なくなったときには、倍率を上げて期待されるリターンを大きくすることは、リスクとリターンのバランスから考えれば有効な戦略と言えるでしょう。

・相場の流れを考え、無理な投資をしない
・自分が考える有利な投資環境にならなければ投資をしない

これもリスクとリターンのバランスが崩れているとき、つまりリスクが小さくリターンが大

きいと考えられるとき以外は投資をしないということなのでしょう。

ＦＸで成功している人の共通点と、私が借金パワーに適していると考えている投資との共通点は**「投資リスクを上回るリターンが期待できるときのみに投資すること」**にあるようです。

この状況が整ったときにだけ投資をする人が、ＦＸでの勝者となっているのではないでしょうか。

リターンを小さくしないための税金の考え方

借金パワーを使った投資で、期待どおりの成果をあげることができれば、利益は加速度的に増やすことが可能です。これは誰もが望むことなのですが、ひとつだけ障害があることをあらかじめ知っておくことが必要です。

それは「税金」の問題です。

利益が出れば、必ず税金を払うことになるのです。

税金を支払って残ったお金が、本当の自分のお金です。

利益がすべて自分のものにはならないということを忘れてはいけません。

😵FXで脱税を摘発された人たち

07年にFX取引で税務当局から脱税を指摘された人たちは、億の単位で利益が得られたとしても、所得税と追徴課税を支払うことになり、かなりの部分を税金で持っていかれたはずです。脱税は悪いこととはいえ、リスクを冒して投資した成果の半分近くを持っていかれるのは気の毒にも感じます。

摘発された人たちには、ひとつの共通点がありました。

それはFX取引が店頭（相対）取引で発生した雑所得の扱いであり、そのために累進税率が適用されたことです。所得税の最高税率は所得1800万円以上の場合にかかる40％です。数億円の利益の場合は当然最高税率が適用されることになりますので、税額は半端なものではありません。それを無申告で逃れようとすれば税務当局は黙っていないでしょう。

また摘発された人たちの中には、「昨年は損失を出しているのに、利益が出ているときだけ税金を取られるのは納得がいかない」と発言した人もいました。確かに一理はあるのですが、相対取引では損失繰越はできないのです。

一方、同じFX取引でも、脱税を摘発されることもなく、いくら儲けても税率は一定というやり方もあります。それが「くりっく365」というマーケットを通じた取引所取引の形態です。

「くりっく365」の場合でもＦＸの利益自体は雑所得の扱いとなりますが、申告分離課税方式が採用され、税率は一律20％となります。さらに株式先物・商品先物等との損益通算や損失の翌年度以降への繰越を行うことができます。

所得が少なくても、常に20％の税率がかかるというデメリットもありますが、大きく利益が出ても20％の税率が適用されるという点は評価できる制度でしょう。

ＦＸで同じ利益をあげたとしても、税の適用の選択によって、最終手取額に大きな差がでることがあります。実際に利益をあげないことには関係ないのですが、**どんな投資でも最初から税のことを考えに入れて取引を始めることが大切**なのです。

総合課税と分離課税

ＦＸ取引は、その取引形態によって総合課税となる場合と分離課税になる場合がありますが、一般的には税法によって総合課税、分離課税のどちらが適用になるのかは決まっています。

日本は累進税率方式を採用していますから、総合課税の対象となる所得は所得の総額が大きくなるほど税率が高くなりますので、税率の面だけから言えば、所得が増えたら分離課税の適用を受けるもののほうが有利だということになります。

現在、株式等の分離課税の税率は10％ですが、平成21年より20％に引き上げられる予定になっています。預金や外貨預金の利息などは現在でも20％の分離課税ですから、分離課税の相場は20％前後と考えておけば良さそうです。

つまり、投資のリターンを考えるときには最低20％税金を取られることを前提としておきましょう。

不動産投資の課税

不動産投資における利益は、インカムゲイン、つまり賃貸収入によるものと、キャピタルゲイン（売却益）によるものがあります。

インカムゲインは総合課税ですが、キャピタルゲインは分離課税となります。分離課税の税率は短期譲渡と長期譲渡（1月1日時点で5年経過しているかどうか）によっても違ってきますので、投資のリターン検討をする場合には、適用となる税率を考慮しながら最適化を計っていくことが必要になります。

また、不動産投資の税の特徴として「建物の減価償却」という点を見逃してはいけません。

実はこの減価償却の活用法が、税引後の最終リターンに大きく影響してくるのです。

減価償却とは

減価償却について、国税庁のホームページでは以下のように説明されています。

建物、建物附属設備、機械装置、器具備品、車両運搬具などの資産は時の経過等によってその価値が減っていきます。このような資産を減価償却資産といいます。時の経過等により価値の減少しない土地や骨とう品などは減価償却資産ではありません。

この減価償却資産の取得に要した金額は、取得した時に全額必要経費になるものではなく、その資産の使用可能期間の全期間にわたり分割して必要経費としていくべきものです。この使用可能期間に当たるものとして法定耐用年数が財務省令の別表に定められています。減価償却とは、減価償却資産の取得に要した金額を一定の方法によって各年分の必要経費として配分していく手続です。

まあ、至極当たり前のことが書いてありますが、私が実際にやっている不動産投資にこれを当てはめてみましょう。

不動産投資は土地と建物を購入する投資で、土地も建物も一般的には「資産」と呼ばれていますが、税法上では次の違いがあります。

・建物は時の経過等によってその価値が減っていく減価償却の資産
・価値の減少しない土地は減価償却資産ではない
・減価償却資産の取得に要した金額を、一定の方法によって各年分の必要経費として配分していくことができる

実は、この3つのポイントを有利に活用することが、節税をしながら、表面上の資産（決算上の資産）を減らし、含み益を確保することにつながる大きな鍵なのです。

😐減価償却は現代の錬金術

税法上、建物は時の経過によって価値が減っていくと規定されています。

確かに、日本の家屋は以前は木造が中心で、大火などがあれば一晩のうちに焼失してしまうものでした。ですから、日本人の感覚として建物には寿命があり、いつかは建て替えが必要なものと考えるのは自然なのかもしれません。

もちろん、１００年以上前から建っているもの、例えば歴史的建造物である法隆寺などや古民家などがありますが、特別なものと思われています。しかし、石造り、レンガ造りが一般的

なヨーロッパでは築２００年、３００年の家が普通に使われています。

また、日本も木造の在来工法から、鉄骨造、鉄筋コンクリート造などの火災や天災にも強い建物が増えてきています。

建物の構造の変化によって、ごく一般的な物件であっても人の平均寿命の間、基本的な強度は変わらないものもありそうです。

さて、建物の寿命が永遠だとは言いませんが、人の平均寿命を上回る建物、たとえば経済産業省が推進しているスケルトンインフィル構造の１００年住宅であれば、これはひとつの見方なのですが、生身の人間から見ると寿命が尽きるまではその利用価値は変わらない、個人にとっては永遠に存在する建物はたくさん存在するのではないでしょうか。

ここで、私は考えました。

確かに建物は「いつか」無くなるでしょう。しかし、すぐれた耐久性を有したものであれば自分が存在する間、利用価値は変わりません。つまり一人の生身の人間にとって、その建物の価値はそれほど大きく変わらないのです。

でも、税法上、建物の寿命は「有限」であると考えられています。そのために利用価値は変わらないけれども、定められた年数で減価償却をする＝必要経費として所得から差し引いて良いと認められているのです。

個人にとって一生利用価値が変わらない部分が減価償却という「必要経費」として計上できるのであれば、それは含み益として毎年積み立てているのと同じになるのではないでしょうか。さらに表面上は所得が減ることになりますから、その結果、所得税などの税金が節税できます。

これは何を意味するのでしょうか。

㊙寿命の長いものの価値とは

「建物」という具体的なイメージがあるとわかりづらいかもしれませんので、たとえ話で考えてみましょう。

ある村のある山の山頂に昔から果実をつける1本の木がありました。

いつからその木が植わっていたのか、誰も知るものはいません。その山は代々Aさんの家の持ち物でした。その木は毎年果実を10個つけます。その果実はとてもおいしいので1個につき金貨1枚といつでも交換できます。

その果実の山を持っているのはAさんでした。しかし、Aさんは歳をとり、山を登るのが大変になりましたが、跡継ぎがいなかったので青年Bさんにこの山を10年分の果実に相当する金貨100枚で譲ると申し出ました。

Bさんにとって金貨100枚は大金でしたが、山に登る体力はあるし、毎年の果実10個は魅力だと考えて購入することにしました。

さて、この村にはひとつの約束がありました。

それはとれた作物から来年の種籾《たねもみ》分として2割、畑の手入れ分として2割をひき、残り6割の半分、つまり3割を村に納めるというものです。

この山の果実はAさんの先祖から代々引き継がれていたものですが、木なので種籾は必要ありません。そこでAさんが持っているときは木の手入れ分として果実10個のうちの2個を差し引き、残り8個のうちの4個、つまり率にして40％を村に納めていました。

ところが、この山をBさんが金貨１００枚で買ったのです。

先祖から貰ったものでしたら元手はかかっていませんが、Bさんは金貨１００枚を支払っていますので、この支払った金貨の取り扱いをどうするのか村人たちは相談することにしました。

村人たちは「金貨１００枚を払ったといっても、木はこれからもずっと果実をつけてくれるのだから、Aさんと同じように果実10個のうちの4個を村に納めるように」と言います。

しかし、Bさんは「ずっと実をつけるとは限らない。木も命あるものだからいつか倒れてしまうかもしれない。１００枚の金貨分の果実をもらえなければ私が損をしてしまう」と主張します。

木の寿命は長いのでそんなことはないと村人たちは思いましたが、１００％大丈夫とは言い切れません。

そこで、この木は少なくとも20年間は実をつけると考え、Aさんに認められていた木の手入れ分としての果実2個と、Bさんが支払った100枚の金貨を20年で取り戻せるように毎年金貨5枚分を経費として認めることになりました。

つまり、果実10個のうち、7個は必要経費として認め、残った3個の半分1・5個分、率にして15％だけを村に納めれば良いことになったのです。

ここでAさんとBさんを比較してみましょう。

元々山を持っていたAさんは村に果実4個を納めていました。

山を金貨100枚で譲り受けたBさんが納めている果実は1・5個です。

この差2・5個がポイントなのです。


Bさんの収支はどうなっているでしょう。

Bさんは年間で10個の果実を得ます。果実10個は金貨10枚分に相当しますから、単位を金貨にしてみましょう。すると村には金貨1枚と半分を納め、8枚と半分はBさんの手元に残ります。毎年5枚分の金貨は支払った金貨の回収分と考えると、Bさんの手元に残った金貨は3・5枚です。

この本でたとえ話がたくさんでますがまるはわり算がでたとたんにとまります
20年で100個分年に5個をみのがしてやるってこと
……
リンゴの木に実が10個
ひのふの
ブタが9個のわらを
川を流れたら
ファンドが

Aさんのとき、手元に残った果実は6個、つまり金貨6枚分です。一方Bさんの手元に残る金貨は3・5枚分ですから、あまりBさんも得をしていないように見えますね。

しかし、Bさんの手元に3・5枚分の金貨しかないように見えても、実は100枚の金貨を20年で回収するための金貨5個を差し引いたから3・5枚になっているだけで、実際にもらえる金貨は8・5枚、Aさんは金貨6枚でしたから、Aさんより多いのです。

なぜ数が逆転してしまうのか。それは「木が枯れてしまうかもしれない」という仮定の話から5枚分を必要経費（不動産で言えば減価償却費）として認められているからです。

でも、木は必ず20年で枯れてしまうとはかぎりません。これから40年も50年も、もしかしたら100年先も実をつけるかもしれません。今は若いBさんの寿命が尽きても、木は元気に実をつけている可能性もあります。

つまり、木の寿命は永遠ではないけれど、Bさんにとっては永遠になるかもしれないのです。

この話は果物のなる木の寿命でしたが、実社会でも同じことです。

建物の寿命は一応決められているので、その間に投資額は回収してよいことになっています。でも、その寿命（減価償却年数）を過ぎたからといって、使えなくなることはむしろ稀なケースです。

永遠とは言いませんが、その後も建物としての利用価値が変わらないのなら、減価償却として認められた経費が実際は損失として発生していなかったなら、減価償却費が資産形成に大きく寄与したことになります。

これが減価償却という制度を利用した現代の錬金術なのです。

裁定取引と借金パワー投資

裁定取引という言葉をご存知でしょうか。

裁定取引とは、一言でいうと市場のひずみを解消する取引のことで、一般的には株式や債券、為替などの投資に良く聞かれる言葉です。

今はもう見られない現象ですが、情報の伝達速度が遅かった過去においては、同時刻、同一銘柄でも取引される市場が違うと価格が違うという現象が発生していました。同じ株なのですから、安く売っている株を購入して高く買ってくれる市場で売れば、利益を確定できることになります。

このように同じものに2つの価格が存在すると、自由な市場の売買を通して、価格は理論値に収斂《しゅうれん》されることになります。このような売買を裁定取引といいます。

野村證券のホームページでは裁定取引を次のように説明しています。

価格変動において、同一の性格を持つ2つの商品の間で、割安な方を買い、割高な方を売ることにより、理論上リスクなしに収益を確定させる取引のことをいう。マーケットの価格が理論価格に近づき、乖離《かいり》がなくなることで、割高・割安な状態が解消された場合に、反対売買を行なうことによって収益化する。

（傍線は筆者による）

裁定取引というと難しそうな言葉ですし、「乖離」など振り仮名がないと読めそうもない文字もあり、「まあ、そういうものか」と流し読みしてしまうかもしれません。でも、この文章の中には、世間一般の投資に対する常識とはかけ離れたことが書いてあるように思うのです。

裁定取引とは「理論上リスクなしに収益を確定させる取引」とありますね。

つまり、**リスクゼロでリターンを得る**と言っているのです。

でも、私たちが証券会社の窓口に投資の相談にいって**「リスクゼロでリターンのある投資をしたい」**と言ったらどうでしょう。

「そんな投資はありません」と即座に断られることは明白です。そのとき、窓口の方が熱心な

人だったら、投資の原則を懇切丁寧に説明してくれるでしょう。いわく、

「投資にリスクはつきものです」

「ローリスクの投資はローリターン、ハイリスクの投資はハイリターンとなりますので、最適なポートフォリオを組むことが大切です」

でも、裁定取引という言葉も存在し、**「理論上リスクなしに収益を確定させる取引」**とホームページには書いてあります。

「裁定取引というのは言葉の遊びで、実際にそんな取引はないのではないか」と思われる方もいるかもしれません。でも実は、この説明には続きがあるのです。

現在、裁定取引が活発に行われているのは、証券の現物市場と先物などの派生証券との間、同一の先物で異なる限月の間での裁定取引である「限月間スプレッド」、異なる先物市場間（例えば、大証とSIMEX）での裁定取引である「市場間スプレッド」などがある。

（野村證券のホームページより抜粋）

実際行われている裁定取引というのはどういうものなのか、素人の私には皆目わかりません。

でも、実際に**「現在、裁定取引が活発に行われている」**と書いてありますね。

つまり、裁定取引は現に存在しているのでしょう。

ということは私が証券会社の窓口で**「リスクゼロでリターンのある投資をしたい」**と言ってもおかしくはないことになります。

とはいえ、そんなうまい話が一個人投資家にもたらされるわけではありません。

実際の裁定取引は、証券市場や債券市場、為替市場などで、瞬きをしたら見逃してしまうような、市場のプロだけが接することのできる世界の話のようです。

しかし、私は一瞬で消えてしまうことなく、素人でもゆっくり考え、実行する時間がある裁定取引も世の中には存在すると考えています。

経済の動きを論理的に考え、得られるリターンとリスクのバランスを厳密に精査した場合に、リスクは限りなく小さいけれどもリターンは得られる投資、つまり**「理論上リスクなしに収益を確定させる取引（投資）」**は市場のプロだけの世界ではなく、一般の投資の中にも存在しているのではないでしょうか。

これが本書のテーマである「借金パワーで金持ちになる」ための投資、ローリスクでありながら少なくともミドルリターンが得られる投資なのです。

私が資金の大半を借金で賄い、総額で6億の不動産投資を行っているのも、**その投資が「理論上リスクなしに収益を確定させる取引（投資）」**であると確信しているからなのです。

借金パワーの本質とは

本書もこの章で終わりです。そこで、最後に借金パワーの本質について考えてみましょう。

そもそも人の経済活動とは、なんでしょうか。

狩猟社会は、すでにあるものを持ってくることによって成り立っていました。この社会においては、狩りの対象の数以上に狩りをすることはできません。つまり、その社会の自然にあるものの限度が経済活動の限度でした。

しかし、農耕、牧畜社会では自ら作物や家畜を育てることによって、最初から自然に与えられているものだけでなく、人間自ら必要なものを生産するということが可能になったのです。その後、長い時間が経ち、産業革命を経て現在に至っているのですが、農耕社会以降、変わらない原則があります。

それは、経済活動によって、インプット以上のアウトプットが得られることです。

田畑を耕し、種を蒔き育てれば種籾の数百倍、数千倍の収穫を得られます。すでにあるものを持ってくることではなく、富を作り出すのです。

これによって人は与えられた自然条件に制約されずに経済を発展させることが可能になりました。

生産力が増大するという点だけを見れば、経済の持続的な発展は人類全体に多大な富をもたらし、より豊かな社会となっていくはずなのですが、現実はそうなっていません。

経済的に豊かな国と言われ、バブル崩壊を乗り越え小さいながらもプラス成長を続けてきた日本においてさえ格差は広がり、数年前までは聞いたこともなかった「ワーキングプア」なる言葉も一般的な言葉となってしまいました。

プラス成長とは社会全体の富は増えているということなのですが、経済的に困窮する人が増えているのはどういうことなのでしょうか。

どうも私たちの暮らす社会、経済システムには重大な欠陥があるように思えてなりません。

だからといって、社会が悪いと一言で片付けてしまっても、問題は解決しないのです。

そうではなく、**「富は生産されているのだから、その富の一部を自分のものにすればよい」**と私は考えます。そのためには何が必要なのか。

それは富を作り出す源泉、**「資本」を自らも入手することによって実現する**のです。

でも、最初から資本を持っていない者にとって、資本のほんの一部分でも入手することは非常に困難を伴います。

やみくもに
怖がらずに
よく勉強すれば
もうかる借金も
あるんですよ
はーい
講師
明日への
借金セミナー

なぜなら、現在の社会システムはその多数派であるサラリーマンや小規模な自営業者には、自分やその家族を養うだけの富しか分配されない資本主義社会だからなのです。

ところが、この資本主義という経済システムも完全無欠なものではないことは周知のとおりです。その欠陥が様々な矛盾を生んでいるのですが、その矛盾が今、サラリーマンのような「資本を持っていない者たち」にとって千載一遇のチャンスを提供しているのではないかと思うのです。

それが「本来富を生産することのできる資本＝お金」が極端に安いコスト、つまり低金利で提供されていることなのです。

現在の低金利は、資本が資本を生むという資本主義の大原則から逸脱している状況なのです。資本主義の歴史上稀にみる状況が、この日本にはあるのではないでしょうか。

つまり、日本の現在の金融情勢が資本主義経済の原則から逸脱し、裁定取引を実現しやすい状況にあると考えているのです。

この状況を捉え、冷静に分析すれば、リスクがなくリターンを得られる投資が見つかる、そして、その裁定取引を最大限生かすために借金の力を使うことが合理的なのではないでしょうか。

借金パワーとは、正しく使えば持たざる者が持つ者になれる魔法の杖なのです。

おわりに

私が行っている借金パワー投資の大半は不動産投資です。

ですから、この本を書くにあたり、不動産投資の本として書くことも考えました。

しかし、私がやってきた不動産投資を支えてきたものは借金そのものであり、その力があったからこそ不動産投資が良い結果につながっていることに気づいたのです。

そして、その経験を通して、資産を増やすための鍵は不動産投資をすることだけに限ったことではなく、借金をどうやって活用するのかが重要で、そのために必要な原則を知れば他の投資にも応用可能なのではないかと思っています。

本書「借金パワーで金持ちになる！」は、資産も時間も限られている、でも日本経済の屋台骨として働いている皆さんが、今よりすこしでも経済的に豊かな、そしてより自由な人生を送るためのヒントになれば……という思いを込めたものです。

皆様にご多幸が訪れることを祈って。

沢孝史

沢　孝史（さわ・たかし）
サラリーマン　投資家　お宝不動産セミナー主宰者
1959年生まれ。法政大学経済学部卒。大成火災海上保険にて損害保険業務に従事，主に交通事故の示談交渉を担当する。10年ほど勤めたあと一念発起して独立、畑違いのコンビニ経営を始めるが４カ月で廃業のやむなきに至る。違約金などの支払いでサラリーマン時代に貯めた1000万円をすべて失う。
その後，製造業の営業マンをしながら起死回生を図り、1998年９月から副業として不動産投資を始める。小額の元手から始めて10年で総資産は６億1000万円、年間家賃収入は6000万円となる。その経験をもとに2004年に『「お宝不動産」で金持ちになる！』（筑摩書房）を出版。2006年11月、投資資金全額借入れで新築賃貸マンションを建設、現在投資総額４億円の２棟目に取り組んでいる。
最近では、テレビ番組「不動産王」（BS11）のゲストコメンテーターとしても活躍、また「グローバルオーナーズ」「ルクラ」などの専門誌でコラムを連載している。

著書　『「お宝不動産」で金持ちになる！』（筑摩書房）
（技術評論社「ベストセラービジネス書のトリセツ」100冊に選ばれる）
『不動産投資を始める前に読む本』（筑摩書房）
『図解　「お宝不動産」で金持ちサラリーマンになる』（幻冬舎）
『インターネット起業入門』（共著　かんき出版）
『エクセルでドカンと築くお宝不動産』（共著　技術評論社）
出版協力　『お宝不動産セミナーブック　中古マンション投資の極意』（芦沢晃　筑摩書房）　監修
『サラリーマン長者』（吉江勝　講談社）にインタビュー掲載
その他　不動産投資判断ソフト「お宝不動産鑑定ツール　リアルキャッシュフロー」
お宝不動産セミナーＤＶＤシリーズ
お宝不動産公式ホームページ　http://www.otakarafudousan.com/

借金《しやつきん》パワーで金《かね》持《も》ちになる！

サラリーマンがゼロから始《はじ》める資産形成《しさんけいせい》

2008年10月５日　第１刷発行

著者——沢《さわ》　孝史《たかし》

イラスト—いけの　まる

発行者——菊池明郎

発行所——株式会社筑摩書房

東京都台東区蔵前2-5-3　郵便番号111-8755　振替00160-8-4123

印刷——中央精版印刷

製本——中央精版印刷

ISBN978-4-480-86386-7 C0033

乱丁・落丁本の場合は、お手数ですが下記にご送付ください。送料小社負担にてお取り替えいたします。

ご注文・お問い合わせも下記へお願いします。

〒331-8507 さいたま市北区櫛引町2-604　筑摩書房サービスセンター　電話048-651-0053